フランス料理の科学的プレゼンテーション

　ガストロノミック・レストランに、客はなによりも料理人の独創性と未知の食体験を期待する。おいしさや居心地のよさだけでなく、「驚かされること」を楽しみにして訪れる。

　「プレゼンテーション」とは、客の五感を刺激し、おいしさ以上の感動を味わってもらうためのツールだ。盛りつけや提供方法だけでなく、その範囲は皿の中から飛び越え、メニュー名や食べるときの環境作りに及ぶこともある。

　時代をリードするシェフたちは、独自の世界観を表現するため、提供時の温度や香り、食材の変化はもちろん、食べ手の心理を科学的に分析し、最大の効果を生むプレゼンテーションを提案する。ごく平凡に思える料理に実は独創性あふれる技術を結集させ、奇抜なだけに見える料理には伝統的な技法を引用するなど、どの料理にも周到な計算と知的な遊びがこめられている。

　本書では、6人の料理人がどのような理論に基づいて料理を構成し、プレゼンテーションを決定しているのか、その創作方法を科学的な見地を交えて解説している。新たな料理を生み出すアイデアの源として、ぜひ活用してほしい。

CONTENTS

食べ手の"一感"を的確に刺激する
レストラン エール　山本英男　004

―味　覚―　六味のスープ ……………………………………… 006
―視　覚―　クロスモダリティ ………………………………… 008
―聴　覚―　骨伝導 ……………………………………………… 010
―嗅　覚―　オルソネーザル、レトロネーザル ……………… 012
―第六感―　六味と六感 ………………………………………… 016
―触　覚―　130℃ ……………………………………………… 018

未知のおいしさを提案してこそ、ガストロノミーである
ル・スプートニク　髙橋雄二郎　020

熟成甘鯛　桃 ……………………………………………………… 022
フォアグラ　メレンゲ　蜜柑　根セロリ ……………………… 024
海老　茄子 ………………………………………………………… 026
真牡蠣：68℃　オイスターリーフ　金時草 …………………… 028
金目鯛　発酵　トマト …………………………………………… 030
蝦夷鹿　シンシン　ピオーネ …………………………………… 032
ピンクグレープフルーツ　セルフィユ ………………………… 034
ミントチョコ　ブリュレ ………………………………………… 036

盛りつけで和仏の均衡を保つ
アルジェント　鈴木健太郎　038

夏の風景 …………………………………………………………… 040
藁で燻した　瞬〆すずき
　　カッペリーニ　トマト　スイカ …………………………… 042
サメ鰈の西京焼　青リンゴ　ジャンピニオン　柑橘 ………… 044
52℃で火をいれた甘鯛の鱗焼　冬瓜　ゆず胡椒 ……………… 046
ピジョンの炭火焼　すき煮風
　　卵黄コンフィ　焼葱　人参　大黒しめじ ………………… 048
海苔を纏った牛フィレ肉
　　黒にんにく　ワイルドライス　トリュフ ………………… 050
梅酒で焼き上げた　鴨胸肉　フランボワーズ　梅 …………… 052
アメリカンチェリー　ティラミス　オペラ …………………… 054

本書を読むにあたって
・料理の解説および作り方で記載している調理中の温度や食材の変化は、シェフの実践に基づいたデータです。異なる環境の下では、温度や時間帯に差が出る場合があります。
・料理で使用する器具は、各店での呼び名で表記しているため、同じ器具でも違う名称になっている場合があります。

味に不可欠なパーツだけでアートする
フィリップ・ミル 東京　フィリップ・ミル　056

ラングスティーヌのポワレ　トマトとズッキーニのリーニュ
　花ズッキーニのファルシーを添えて 058
デトックスのベールに包まれた毛蟹　甲殻類のエミュルション
　エルダーフラワーの香り 060
赤ワインを纏った半熟卵　ジャガイモのドフィーヌ
　キャビアとクレソンのクーリー 062
色々な季節の貝類とキャビア
　燻製をかけたカリフラワーのエスプーマ 064
和牛ロ一ストとアーティチョークの塩釜焼
　香ばしい玉葱のムースリーヌ 066
赤ワインを纏った小鳩のファルシー
　ヴァニラ風味のビーツのスパイラル 068
軽いアーモンドのクリームとアメリカンチェリーのフィーユ
　甘酸っぱいグリオットチェリーのソルベ添え 070

料理名×実食＝特別な食体験
アルゴリズム　深谷博輝　072

最初は　季節を　お手に取って一口で 074
雲丹　サバイヨン　**Earl Gray** 076
死後硬直　伝助穴子　菌 078
放たれる旨味　**zubrowka**　熟成 082
二足歩行　ドライトマト　**versatility** 084
滋味深い　Wコンソメ　安堵感＋旨味 086
ババ　パイナップル　温度感 088
苺　蕗の薹　**marcaron** 090

食べ手の表情を観察し、
好みの味を見つけ出す
オルグイユ　加瀬史也　092

タルトフランベ 094
ヒラマサ　カブ　ライスペーパー　タロッコオレンジ 096
ホワイトアスパラガス　ホタテ　雲丹 098
筍　春野菜　イノシシ 100
フォアグラ　マーガオ　アーティチョーク 102
金目鯛の鱗焼き 104
和牛頬　赤ワイン 106
フロランタン 108

シェフとお店の紹介 110
カラーページで紹介した料理の作り方 112

Science Memo

味覚の種類 007
色が持つ味のイメージ 009
咀嚼音とおいしさ 011
香りが食べ物の味を左右する 014
炭火の遠赤外線効果 016
温度と味 019
野菜の発酵 031
乳酸菌とタンパク質 045
フリットとグルテン 075
魚は締め方で鮮度が決まる 080
熟成で変わるうま味と食感 081

食べ手の一感を

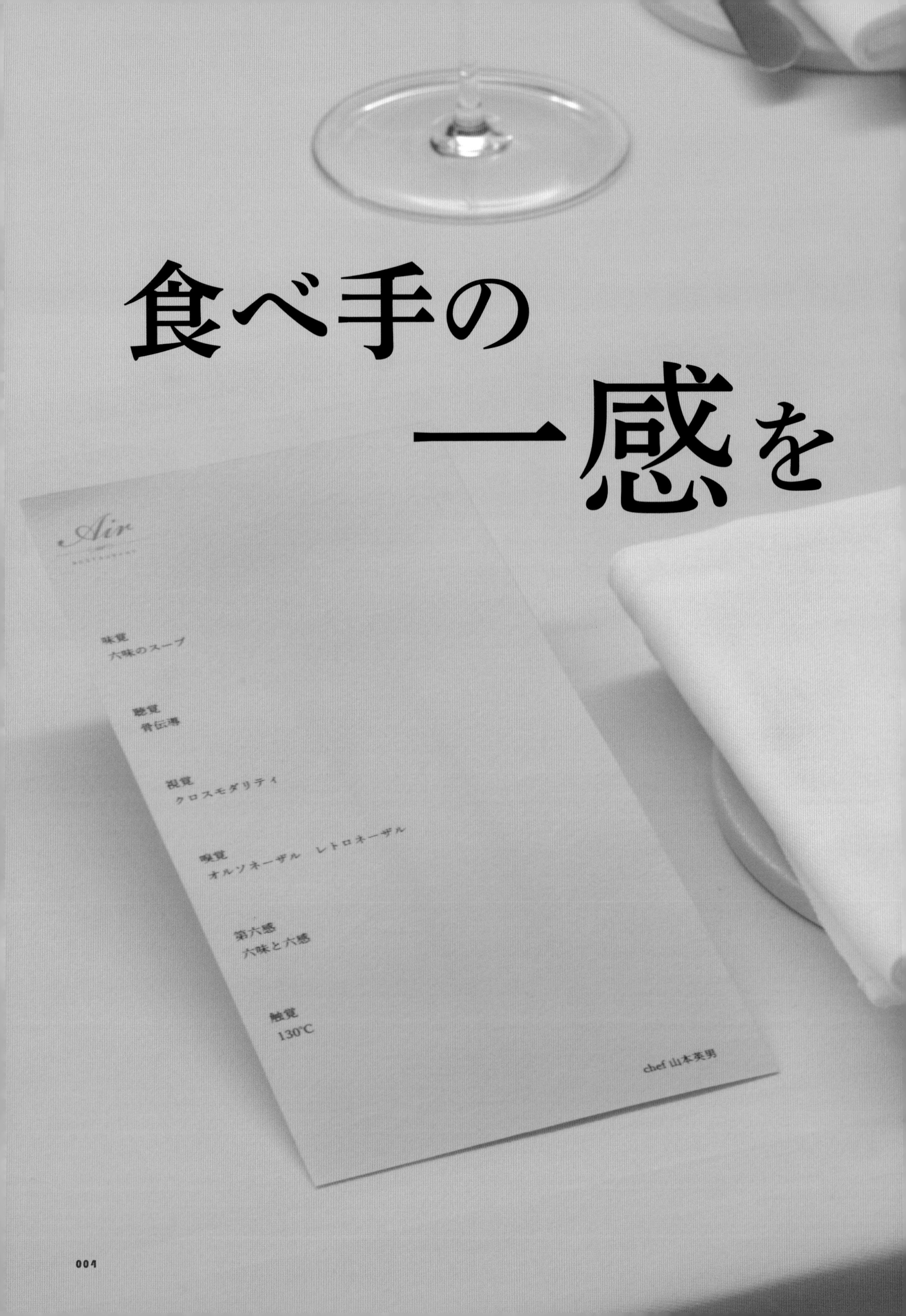

Air

味覚
六味のスープ

聴覚
骨伝導

視覚
クロスモダリティ

嗅覚
オルソネーザル レトロネーザル

第六感
六味と六感

触覚
130℃

chef 山本英男

レストラン エール
Hideo Yamamoto 山本英男

的確に刺激する

食事をするとき、自分がいま、どの感覚器官を使っているかを考えたことはあるだろうか。

一般的には、味わう＝舌で感じるものと思われている。しかし、実際は舌で感じる「味覚」だけでなく、視覚、聴覚、嗅覚、触覚と、人間が持つ五感すべてをフル動員し、各感覚器官から送られてくる情報を脳内で取りまとめて、総合的に「おいしい」「まずい」の判断を行っている。

驚くことに、おいしさを判断する情報は、味覚よりも、嗅覚や視覚から得られる割合のほうが高いという研究結果すらある。この事実を考えれば、見た目や香りが、いかにおいしさに重要な役割を果たしているかが分かるだろう。

今回、山本シェフが提案するのは、「五感を刺激する料理」。といっても、五感を総合的に刺激する料理ではない。一皿ごとに、あえて味覚、視覚、聴覚、嗅覚、触覚のうちの「一感」だけに的を絞り、その一感を刺激することで、味わいにどんな変化が起こるかを楽しんでもらう実験的なコースだ。料理のテーマを食べ手にあらかじめ

説明しておくことで、自然とひとつの感覚に集中しながら食べられ、味わいをより深く感じ取ってもらえる。

風邪で鼻がつまって味が分からなくなった経験は誰しもあるだろうし、かき氷のシロップは、色と香料が違うだけで味は一緒だというのも有名な話だ。五感とおいしさの関係は、感覚的には分かっているものだが、それを意図的に料理に取り入れるのは容易ではない。山本シェフは、今回の料理でひとつの感覚器官とおいしさとの関係を掘り下げて考えたことで、今まで以上に総合的に五感に訴えかける料理づくりが可能になると確信している。

料理を科学的に考えようとすると、食材の変化に焦点を当てがちだが、食べる人の「味わう」という行為をひも解けば、どんな料理が「おいしい料理」なのかが自分の中でより明確になっていくだろう。その基準を出発点に、調理法や食材選びを追求していくことが、おいしさのコントロールに繋がるはずだ。

味覚

六味のスープ

酸味　トマトの抽出液
うま味　昆布、干ししいたけ、自家製鴨ぶし
甘味　和三盆
苦味　ビールホップ
塩味　岩塩
辛味　黒こしょう

　甘味、酸味、塩味、苦味、うま味、辛味の6つの味を、小さなメダルゼリーにそれぞれ閉じ込めた。このメダルをグラスに並べ、客席で湯を注いで溶かし、スープとして味わう。このあと供されるすべての料理が、この6つの味で構成されていることを舌で感じてもらうのが狙いである。うま味のメダルには、グルタミン酸、イノシン酸、グアニル酸の"うま味の3大グループ"の成分をバランスよく組み合わせ、相乗効果でうま味が飛躍的にアップするよう工夫している。
　「この料理では、六味が同じ分量だけ入っています」と説明すれば、食べ手は味を分析しようと自然に集中し、味覚もより研ぎ澄まされるはずだ。

それぞれの材料を煮出し、ゼラチンで固める。湯を注ぐとすぐに溶けて混ざり合う。

6つの味覚を
6つのゼリーで表現

メダルはゼラチンで固めてあるので、湯を注ぐと瞬時に溶けて6つの味が混ざり合う。口に入れた瞬間はうま味をもっとも強く感じ、ゆっくりと塩味や辛味が追いかけてきて、最後に甘味を感じる。

Science Memo
味覚の種類

　人間が感じられる味には、甘味、酸味、塩味、苦味、うま味の5つがあると考えられている。これらは、舌にある「味蕾」という感覚器官によって脳に伝達される。口内でこれらの味が互いに影響し合い、味わいが決定される。

　辛味は、味蕾で感じるわけではなく、痛覚で感じる「痛み」と温覚で感じる「熱さ」が合わさったもので、厳密には味覚とはいえないが、「痛み」や「温度」すらも人間はおいしさと捉えているのが面白い。辛味以外にも、ミントやシナモンなどのハーブや香辛料も温覚を刺激し、口の中を熱く感じさせたり、冷たく感じさせたりする効果がある。

［作り方は112ページ］

視覚

クロスモダリティ

　おいしさは、さまざまな感覚器官から入ってきた情報が脳内で整理され、総合的に判断される。このとき、視覚からの情報は、ほかの感覚器官の情報よりも優先される。この現象を「クロスモダリティ効果」と呼ぶ。同じ味でも色や形によって異なる味に感じたり、目を閉じて食べると、何を食べているか分からなくなったりするのはこのためだ。

　この前菜では、清涼感を感じさせ、食欲抑制効果もある紫色を料理のベースカラーに据え、じゃがいものチップスを透明に仕上げて全体を覆ってある。実は、じゃがいも、冷凍卵黄、トリュフ、フォアグラのみそ漬けといった濃厚な組み合わせで構成された料理なのだが、寒色と透明の視覚効果を利用することで、爽やかで軽やかな味に錯覚してしまう。

1　紫のじゃがいも（シャドークイーン）のゆで汁に塩とタピオカスターチを加え、濃度が出るまで練る。

2　シルパットの上に1mm程度にごく薄く伸ばし、60℃のディッシュウォーマーで乾燥させる。

3　適当な大きさに割り、130℃の油にさっとくぐらせる。はじめは白濁していたチップスが、油に通すことで透き通る。

ねっとりとしたフォアグラと卵黄に、歯切れのよい水ダコを合わせる。さらに、シャドークイーンはしっかりゆでたものと、15秒だけゆでてシャキシャキ感を生かしたせん切りをのせ、食感のメリハリでより軽やかに感じさせる。

Science Memo
色が持つ味のイメージ

　色と味の関係は、心理学や脳科学の分野で研究が進んでおり、同じ文化に育った人は、色に対して共通の味覚イメージを抱くという研究結果もある。一般的にいわれている日本人の味覚イメージは右のとおり。また、補色（反対色のこと。たとえば赤の補色は緑、黄の補色は紫）を料理に少しだけ取り入れることで、メインカラーの食材を魅力的に引き立たせることもできる。色を意識して盛りつければ、食べ手の味覚感覚をコントロールできる可能性があるのだ。

○ 白系、青系… 塩味、清涼感

● オレンジなどビビッドな暖色… 辛味

● 金色… うま味

● 赤系、パステルカラー… 甘味

● 黄色系… 酸味

● 深緑などのダークカラー… 苦味

● 黒、茶色などのダークカラー… 苦味、味の濃さ

［作り方は113ページ］

聴覚

骨伝導

穴子のアラ、マデラ酒、蜂蜜などで作った
ソースを刷毛で1/3だけ塗る。

音で食感を強調

　メキシコ料理店ではラテンミュージック、フランス料理店ではクラシックなど、BGMを流すことで雰囲気を高め、音とのマリアージュを図るレストランは多い。

　この料理ではあえて耳栓をして外部の音を遮断し、骨伝導で得られる咀嚼音をBGMに食べてもらう。聞いてほしい曲は、穴子の骨せんべい。串を打ってS字型に成形した骨を素揚げし、1/3は、ソースを塗りながら炭火で焼いて照り焼き風に、もう1/3は穴子の身でつくだにを作って花山椒と一緒に張りつけ、味に変化を持たせてある。

　耳栓をすることで、骨を噛むたびに小気味よい音と振動が大きく響き、音によって骨の歯応えと食感がより深く感じられる。

耳栓で外部音を遮断

全体を炭火で焼く。ソースを塗った部分は
水分が飛び、照り焼き風になる。

010　　［作り方は114ページ］

Science Memo
咀嚼音とおいしさ

　咀嚼音とは、ものを噛んだときに発生する音のこと。この音とおいしさの関係は非常に密接なことがさまざまな研究で分かっている。食べ物のCMでは、購買意欲を高めるためにパリッ、サクサクといった、その食品を食べたときの音を流すことも多い。

　同じ食品を音が聞こえる状態で食べたときと、消音装置を使って咀嚼音を遮断して食べたときとを比べる実験では、「好き」「嫌い」の好感度（おいしさ）は、音が聞こえたときのほうが圧倒的に高かった。この実験を行った横浜国立大学大学院の岡嶋克典教授は、「音で食品を魅力的に演出できる」と結論づけている。

出典：産経ニュース（2016）「パキパキ、サクサク、パリッ…　おいしさの秘密は食べるときの「音」にあり」

嗅覚

オルソネーザル

[作り方は116ページ]

レトロネーザル

スモークガンを使用し、スープ皿の中に香りを注入。チュイルでふたをする。

シナモンスティックを使うと、スモーク香だけでなく、スパイシーでほんのり甘い香りがつけられる。

オルソネーザル

　香りは、舌で感じる味以上に料理の風味を決定づける重要な要素。とくに料理が運ばれてきてから最初にかぐ香りは、料理の印象を決定づける。

　この料理では、ブーダンノワールとりんごのタタンをスープ皿に入れ、スモークガンでシナモンスティックをいぶした香りを注入。パンデピスのチュイルで蓋をして閉じ込め、和栗のスープを上から注いである。

　スプーンを入れるとチュイルが割れ、スモークの香りが湯気に乗って鼻へと運ばれてくる。皿全体をガラス蓋などで覆って香りを閉じ込める方法もあるが、それだと香りが拡散しやすく、ほかの料理を食べている席にも強いスモーク香が届き、料理の味を阻害してしまう。スープ皿と湯気を利用することで、香りが上方向に立ちのぼりやすく、食べる本人だけに香りが届く。

嗅覚

鼻で直接かぐ香り＝オルソネーザル

Science Memo
香りが食べ物の味を左右する

　香りには、外部から鼻を通して嗅ぐ香り「オルソネーザル」と、口の中から空気が鼻に抜けたときに感じる香り「レトロネーザル」の2種類があり、同じ食材でもこの2種類は異なる香りを持つ。味覚で感じられるのは、甘味、酸味、塩味、苦味、うま味の5つなのに対し、嗅覚で識別できる香りは1万種類にも及び、味覚と嗅覚の情報が合わさって、食べ物の風味が決定される。

　レトロネーザルは、実際にものを食べているときに感じる香りなので、感覚的には「匂い」というより「味」だと認識されている。鼻をつまんで食べると味が分からなくなるのは、口から鼻への空気の流れが遮断され、レトロネーザルが感じられなくなるのが原因で、鼻をつまんでも舌の味覚はちゃんと感じられている。このことからも、味覚以上に嗅覚が食べ物のおいしさを左右しているといえる。

口内から
鼻に抜ける香り
＝レトロネーザル

ロゼ色に火入れしたヒグマの
コンフィに、クマの好物のタ
ケノコをグリエしてのせる。

レトロネーザル

　シナモンスティックのスモーク香をまとわせた料理をもう一品。

　スモーク香に合わせてジャーキー風に味つけた熊肉を主役に、タケノコ、野草、桑の実やラズベリー、蜂蜜のソースを添え、熊が暮らす森を表現した。蜂蜜レモンのゼリーをドーム状の蜂の巣型に固めて蓋にし、スモークの香りを閉じ込めた。

　山本シェフが嗅覚の料理でスモークを採用したのは、鼻から直接嗅ぐ香りと、口の中から鼻へと抜ける香りの違いがより顕著だからだという。赤ワインも違いが分かりやすいといわれるが、実際には、訓練を積んだソムリエでないと微妙な差異を感じ取るのは難しい。その点、スモークは一般のお客様にも2種の違いを楽しんでもらいやすい。

蜂蜜レモンにアガーアガー（SOSA社製）を
加え、蜂の巣形のシリコン型に流して固める。

スモークガンで
香りを抽入

第六感

六味と六感

　炭火焼きの豚肉、煎り酒でマリネした牡蠣、春菊のわさびのおひたし、ゆずと甘酒でマリネしたべったら漬け。異色ともいえる組み合わせは、五感をテーマに味作りに励んできたこれまでとは異なり、科学的な裏づけや、フランス料理の定石など、理論は一切考えず、直感に従って構築したそうだ。

　"直感"＝"第六感"は、科学的には、過去の経験と学習によって記憶した無数の情報を脳が統合し、無意識化で判断を下すことだという。実際に食べてみると、五味、食感、視覚効果、温度差など、五感すべてを刺激する料理に自然と成り立っているのが面白い。経験を積んだシェフたちは、おいしいものを作るために、無意識でもいかに五感を刺激する手法を効果的に使っているかが実感できる。

　主役の豚肉は、白炭（備長炭）を使って近火の強火で一気に焼きつけてある。白炭は黒炭よりも密度が高く、赤外線量が多いため、より均一に火が入りやすい。脂が落ちても炎が上がらないので近火調理が可能で、より短時間での加熱が可能になり、うま味を閉じこめやすい。さらに、焼きたての香りを客席まで閉じこめておくために、70℃に温めた皿に盛りつけ、蓋をして提供する。

ウバメガシの白炭。炭作りの過程で1300℃の高温で焼くため、炭内の不純物が燃え、純粋な炭素分が豊富。火つきは悪いが、1度つくと火力が安定している。

経験が
おいしさを作る

串を打った豚肉を近火の強火で一気に焼き上げる。

白炭で
うま味を閉じ込める

Science Memo
炭火の赤外線効果

　熱を加えると、タンパク質が変性してうま味に変わることはよく知られるが、同じ熱でも、炭火のほうがうま味を引き出す効果が高く、生肉と火入れした肉のグルタミン酸量を比べると、ガス火で焼いた肉が1.8倍、炭火で焼いた肉が2.2倍多い。これには、火から放出される赤外線量が関係している。炭火はガスに比べ、赤外線量が約2.5倍も多いのだ。

　赤外線には、遠赤外線と近赤外線があり、遠赤外線は食材の表面に熱を与え、近赤外線は食材の内部まで届き、電子レンジのように内側から温める効果がある。炭火では、近赤外線の力で内部が温められ、その間に、強い遠赤外線の効果で表面にメイラード反応を起こせる。つまり、肉全体に火を入れながら効率よく表面だけを焼き固められるので、内部のうま味が焼きすぎによって水分と一緒に流出するのを防げる。

[作り方は117ページ]

触覚

130℃

体温と極端に温度が異なるものを食べたとき、舌は、味よりも温度の刺激を先に脳に送る。冷たいものや熱いものを食べると味を感じづらくなるのはこのためだ。その作用を逆手に取り、料理に温度という刺激をまとわせて味に時間差を作り出した。

チョコレート味のカルメ焼きを液体窒素でマイナス60℃まで冷やし、甘くない塩パティシエールをバナナに絞って焼き上げ、カルメ焼きの上にのせる。カルメ焼きとパティシエールの温度差は実に130℃。はじめは味を感じず、冷たさと熱さを同時に感じ、徐々に口内で溶け合って味わいが深まっていく。カルメ焼きは常温では甘すぎ、パティシエールも塩味を極端に強く作ってあるが、温度のマジックにより、不思議とちょうどよい塩梅で、すっきりとした後味が残る。

冷たさ、熱さ、甘さ、しょっぱさが、どの順でどんな風に感じられていくのか。温冷のおいしさを解体し、頭だけでなく、実体験として理解し、楽しんでもらうのが狙いの一皿である。

バナナの上に塩味のパティシエールを絞り、200℃のオーブンで温める。パティシエールは保形成が高く、焼き上げても、絞りの美しさを維持できる。

温度は刺激

カルメ焼きは液体窒素に浸けて急速冷凍。皿ではなく、直接手のひらの上にサービスし、温度を手でも感じてもらう。水分を含まず、低温でも皮膚に張りつかないカルメ焼きだからこそ可能な提供方法だ。

甘味……体温付近でもっとも強く感じられる。この温度帯は、重たく感じられやすい。熱くても冷たくても感じづらい。

酸味……温度による変化を受けづらい。

苦味……温度が高いと感じづらく、冷たくなるほど感じやすい。

塩味……温度が高いと感じづらく、体温と同等以下の温度になると感じやすい。

うま味……体温付近でもっとも強く感じられ、熱くても冷たくても感じづらい。

Science Memo
温度と味

　人間の味覚は、温度によって大きく左右される。5℃以下になると、基本的にどの味も感じづらくなるが、温度が高ければ高いほど、すべての味が感じやすいわけではない。感じやすい温度は味によって異なる。たとえば、温かいときにおいしかったコンソメが、さめるとしょっぱく感じるのは、塩味は冷たいほど感じやすく、うま味は冷たいと感じづらいため、塩味ばかりが際立ってしまうからだ。料理を作るさいには、調理時においしい味つけではなく、提供時の温度にどの味が際立ってくるのかを考慮して味を決める必要がある。

［作り方は114ページ］　019

未知のおいしさ

ル・スプートニク
Yujiro Takahashi 髙橋雄二郎

ガストロノミック・レストランは、おいしいだけではいけない。奇をてらうだけでもいけない。「未知のおいしさ」を提案してこそ、価値がある。

「ル・ジュー・ドゥ・ラシエット」でミシュランの1つ星を獲得して以来、独立後もその座を守り続ける髙橋シェフのモットーだ。

「私が考えるガストロノミック・レストランは、食事で非日常を体験する場所。お客様には驚きを"味わって"もらいたいと思っています。今まで食べたことのない食材の提供、なじみ深い食材の新しい魅力の発掘、意外な組み合わせの提案……。これらの手段を駆使し、口に入れた瞬間に驚いてもらえるポイントを必ずひとつ入れるように心がけています」

髙橋シェフの料理はドラマチックな盛りつけが印象的なだけに、どうしてもビジュアルに着目しがちだ。だが、盛りつけはあくまで料理を自分の意図どおりに味わってもらうための手段なのだという。

たとえば、24ページで紹介するメレンゲは、自由に成形できる点が画期的だが、面白い見た目に仕上げるのは目的ではない。盛りつけの自由度を上げることで、ほかのパーツを巻いて一体感を高めるなど、味作りの幅を広げるのが狙いだ。

「あくまでもおいしさで驚いてもらいたいのです。そのために、液体窒素や発酵をはじめ、新しい調理法や盛りつけ方は常に模索してきました。でも、調理法の奇抜さや見た目で驚きを与えたいわけではありませんから、手段が目的にならないよう、常に気をつけています。皿ごとにゴールを設定し、そのゴールをぶれずに保ち続けることが大切です」

未知のおいしさを味わってもらいたいので、リピート客には徹底して同じ料理を出さない。メニューは「シェフのおまかせ」コースだけなのに、すべてのテーブルで別のコースが提供されていることも珍しくない。準備には膨大な手間と時間がかかるが、理想のためにはやむを得ないのだという。

調理科学の著しい進化で、新食材や新技術が次々と生み出されている現代だからこそ、「料理で何を表現したいか」を明確にする必要性はますます高まっている。「未知のおいしさ」をひたむきに追求する髙橋シェフの姿勢こそが、変わらず評価され続ける理由なのだろう。

を提案してこそ、ガストロノミーである

熟成甘鯛 桃

2週間の熟成でアミノ酸を増幅

　最初に口に運ぶアミューズでは、ひと口で「うまい！」とうなるようなインパクトの強い味を提供したい。そこで、もともとうま味の強い甘鯛をさらに熟成させてアミノ酸を増幅。生ハムと桃という、フランス料理の定番フィンガーフードをイメージし、甘味の強い桃を生の甘鯛でくるんだ。2つの材料だけでごくシンプルに、うま味の強さとねっとりとした独特の身質をストレートに感じられる料理だ。

　甘鯛は鱗と内臓を取り、耐水紙にくるむ。毎日紙を変えながら約2週間熟成させたら、使用する前日に塩を強めにふり、脱水シートで挟んで半日おく。この工程は、身に味をなじませるだけでなく、浸透圧で水分をさらに抜いて味を深め、甘鯛らしいねっとりとした食感を高める効果がある。ソースをつける必要を感じないほど、素材自体の濃厚さを強調させるのが狙いである（魚の熟成については81ページを参照）。

2週間熟成させた甘鯛。耐水紙は外部から水分がつくのを防いだり、必要以上に魚の水分が抜けるのを防ぐ目的で使用。

脱水シートで水分を抜いたあと、オリーブオイルと一緒に真空にかけ、味をなじませる。

脱水で食感を深める

薄切りした甘鯛にライムの皮を削り、棒状に切った桃をくるむ。

［作り方は118ページ］　023

フォアグラ メレンゲ 蜜柑 根セロリ

筒状に成形したメレンゲの中に、甘味と相性のよいフォアグラを詰め、根セロリピュレ、みかんピュレ、クリームチーズも加えて、酸味と苦味をほどよく効かせた。メレンゲの形のおかげで、ひと口ですべてのパーツが味わえる。

　メレンゲは高温のオーブンで表面を焼き固め、低温に落として中までじっくり焼き切るのが基本といわれている。そこをあえて70℃の低温ではじめから加熱。この方法なら、全体にじんわり火が入っていくので、表面だけが先に固まらない。粘度が増してきたところでいったん取り出せば、今回の筒のように自由に成形できる。さらに、従来の方法では溶けた砂糖が下にたまり、飴の層ができてガリガリとした食感になってしまっていたが、温度を下げることで、この問題も解消。きめ細やかな気泡を維持したまま火入れでき、均一で繊細な食感になる。

盛り付けの自由度が上がるメレンゲの焼成

OPPシートの上に伸ばしたメレンゲを70℃のオーブンへ。粘度が出て、表面がやや乾いてきたら筒に巻きつけて立体的に成形し、さらにオーブンで焼く。はじめから筒に巻きつけようとしても、手にメレンゲがついたり、だれてしまって、きれいには仕上がらない。

上部には薄切りにして乾かしたみかんチュイルを飾る。柑橘の中でも皮が柔らかくて苦味が少ないので、口内に皮が残らず違和感なく食べられる点が気に入っているそう。

フォアグラはテリーヌとフランの2種を詰める。両方使うことで、濃厚さと軽さのバランスが取れる。時間が経つとメレンゲが水分を吸って食感が悪くなるので、組み立てたらすばやく供する。

[作り方は119ページ]　025

甘エビのタンパク質でクラリフェ

甘エビは頭と胴に分け、頭はオーブンで焼いてから液体に加え、香ばしさを足す。

胴部分は冷凍状態のまま冷水と一緒に弱火にかける。温度が上昇する時間を長く取り、成分をより多く溶け出させるのが狙い。

　エビのコンソメにさわやかなハーブの香りをつけてジュレに仕立て、なめらかな口溶けのムースをのせた、初夏らしいみずみずしい一皿だ。

　コンソメは卵白のタンパク質を利用し、液体の中の塵を吸着させてスープを澄ませる。だが、髙橋シェフは卵白を加えない。かわりに、甘エビを身ごと加えて煮出し、甘エビ自身のタンパク質を使って澄ませている。卵白を使うよりも火力調節が難しいが、卵白の味が液体に移らず、よりクリアなエビの風味に仕上がるのが魅力だ。

　甘エビはあえて冷凍したものを使用する。沸騰した状態で長く煮出すより、液体の温度が上がっていく過程のほうが、水分に成分が溶け出しやすいからだ。冷凍した甘エビを使ってごく弱火にかけることで、温度の上昇をゆるやかに、長時間持続させることができる。コンソメには、トマト、にんにく、ごく少量のハーブを加えて香りづける。トマトにはうま味成分の「グルタミン酸」が豊富なので、「イノシン酸」を含むエビとの相乗効果が期待できる。

ゆるやかな温度上昇

仕上げの紙漉し。甘エビのタンパク質で液体が澄んでいるのが分かる。

［作り方は120ページ］　**027**

真牡蠣：68℃ オイスターリーフ 金時草

66〜68℃の出汁のなかで7〜8分、牡蠣の芯温が68℃になるように温める。断面はぷるんとしていてやや透明感があり、みずみずしい。

芯温68℃

牡蠣は66〜68℃で火入れすると、生ともゆでたものとも違う、独特のぷりんとした食感になる。そのうえ、生牡蠣特有の鼻から抜ける芳香も維持できる。火入れ温度を変えるだけで、食材の新しい魅力を引き出す提案だ。

火入れに使うのは、アサリ、トマト、にんにく、ベーコンの出汁で、「グルタミン酸」「イノシン酸」「コハク酸」をバランスよく含んでいる。この出汁でゆでることで、牡蠣のうま味が液体に流出するのを防ぐ。ゆでた出汁はハーブのピュレと合わせてスープに仕立て、牡蠣と同じ香りをもつといわれるオイスターリーフと水前寺菜のエチュベを添えた。うま味と牡蠣の風味を別の食材からも強化し、一体感のあるおいしさに仕上げている。

牡蠣をゆでた出汁でオイスターリーフと水前寺菜を蒸し煮し、風味に一体感を出す。オイスターリーフは名のとおり牡蠣に香りが似た最近注目の葉野菜。加熱するとぬめりが出る。

うま味流出を防ぐ出汁

金目鯛 発酵 トマト

乳酸発酵を調味料に活用

ソースの材料
- トマトの発酵液
- 白身魚の出汁
- トマトの抽出液
- 煮詰めたバルサミコ酢
- マッシュルームの発酵液

　ここ数年、発酵技術を調理として積極的に活用する料理人が増えている。髙橋シェフもその1人。好きな食材を自分で自由に発酵させることで、既存の発酵食品では生み出せない斬新な味づくりが可能になるという。この料理では、自家発酵させたマッシュルームとトマトのエキスをソースの調味料として活用している。

　マッシュルームとトマトは、それぞれ塩をもみこみ、真空にかけて常温で2週間程度発酵させる。すると、素材についている乳酸菌が活発に活動し、乳酸発酵による特有の酸味とうま味を持った液体ができあがる。この液体はヴィネガーとはひと味違うまろやかな酸味が特徴だ。

　発酵調味料で作ったうま味と酸味がきいたソースは、金目鯛のように脂ののった魚に合わせると、コクがありつつもキレが出て、後味がすっきりする。

　髙橋シェフによれば、マッシュルームの場合は、そのときどきによって、紹興酒のような風味のものと、チーズのような風味のものに分かれるそうで、できあがった風味によって、使い方をかえる。魚のソース用には、紹興酒タイプを使っている。

マッシュルームは全体量の2％、トマトは1％の塩をもみこんで真空にかけ、2週間発酵。調味料として使いたいので、辛くなりすぎないよう、塩分濃度は最低限にとどめている。

Science Memo
野菜の発酵

　ザワークラウトをはじめ、野菜に塩をもみこんで常温におく手法は、乳酸菌による発酵を促す。塩を加えると、多くの微生物は浸透圧の変化で細胞が壊れて死んでしまうが、乳酸菌の一部は例外的に塩分濃度が高くても活動できるので、雑菌の増殖を防ぎながら、発酵が進められる。

　野菜や果物を乳酸発酵させる場合は、塩をもみこむ方法なら1.5〜2％、塩水に浸ける方法なら濃度5％の塩水を使うことが一般的に推奨されている。髙橋シェフの場合は、トマトは塩分濃度が通常よりさらに低いが、真空にかけて空気を完全に遮断することで、酸素が好きな雑菌の繁殖を防いでいる。

[作り方は121ページ]

蝦夷鹿 シンシン ピオーネ

ブドウは水分を飛ばすことで甘味が凝縮し、火入れによって風味が変わってワインのようなコクが出る。

アナログな火入れで、鹿肉を最高の身質に導く。

髙橋シェフが試行錯誤の末に行き着いたのは、200℃のオーブンに鹿肉を1分入れ、ひっくり返して5分休ませる手法。これを10回ほどくり返し、徐々に温度を上げながら中心温度を57～60℃まで持っていく。57～60℃というと、低温真空調理でよく用いられる温度と同じだが、一定の温度に長時間入れて均一に仕上げた場合に比べると、状態は大きく異なる。オーブンで火入れした鹿肉は歯切れがよく、切ると表面にうっすらと肉汁の膜ができる。

この理由を、髙橋シェフは高温による圧力ではないかと分析する。高温に入れると肉に圧力がかかり、肉の繊維から水分が押し出されて動きだす。そのままオーブンに入れておけば、表面に火が入りすぎて硬くなるが、短時間で取り出して休ませるため、水分は流出せずに肉の内部に戻っていく。この工程を繰り返すことで、流出しないぎりぎりで水分がとどまりつつ、筋繊維はほどよく収縮し、歯切れよく仕上がるという。

噛むと肉汁が口内にあふれるジューシーな肉なので、ソースは不要。かわりに、低温のオーブンで乾かしたセミドライのブドウを添えた。一緒に食べると肉汁と混ざり合い、口内でソースが完成する。

アナログ火入れで芯温57℃

たっぷりのオリーブ油を入れた鍋ごとオーブンに入れる。オイルは鍋肌から肉に直接熱が伝わるのを防ぐ緩衝剤の役割。

提供前にグリルで表面を焼きつけ、メイラード反応の香りとおいしそうな焼き色をつける。

［作り方は120ページ］ 033

ゼラチン入りのピュレを氷水に当てながら撹拌していくともったりしてくる。

ヌーベをムースに応用

半球型のシリコン型に絞り、ミントムースを詰めて冷やし固める。

グレープフルーツムースの中にミントムースを詰め、ベジタブルゼラチンで固めた蜂蜜グレープフルーツのソース、飴のチュイル、セルフィユのアイスクリーム、コリアンダーの花を飾った。フォークを入れるとゼラチンが割れてソースがあふれ、パーツ同士がよくからむ。熱帯雨林に咲く花に見立てたビビッドな色合いのように、スパイシーで刺激的な味のデザートだ。

フルーツムースを作るときは、フルーツピュレを煮詰め、水分を飛ばして濃度をつけるか、ピュレを少量にとどめなければ生クリームとうまく合わせられない。しかし、グレープフルーツのピュレは煮詰めると風味が変質し、フレッシュなおいしさは完全に損なわれてしまう。

そこで、エル・ブジが開発した「ヌーベ」のテクニックを応用。ピュレに溶かしたゼラチンを加え、氷水に当てながらミキサーで泡立てる。ゼラチンが泡状に固まって粘度が出るので、たっぷりのピュレを生クリームと合わせても分離しないというわけだ。ピュレを煮詰めず、グレープフルーツのフレッシュさを生かしながら、ムースのやさしい食感も両立させた。

凍らせたソースをベジタブルゼラチンにくぐらせ、固める。供すときにはソースが溶けて液体状になり、フォークを入れるとソースがあふれてくる。

ゼラチンでピュレの表面を固める

ピンクグレープフルーツ セルフィユ

[作り方は122ページ]

ミントチョコ ブリュレ

枝ごと食べるミント

枝つきのミントをグラスロワイヤルにくぐらせ、2種のパウダーをまぶす。乾燥させることでカリッと軽い食感に変化する。

　クレームブリュレは万人受けするデザートだが、コース料理ではその濃厚なおいしさがあだとなり、重く感じられるため、提供するのは案外ハードルが高い。そこで、同じく日本人に人気のミントチョコと、酸味の強いオキサリスの葉をたっぷり使い、清涼感を強調してみた。
　枝つきのミントにグラスロワイヤルをくぐらせ、カカオプードルとビスキュイショコラのパウダーでコーティング。スナック感覚で枝ごと食べられるミントは、噛むとカカオの苦味とミントの清涼感がストレートに伝わり、カリッと軽い食感も相まって効果的なアクセントになる。
　さらに、液体窒素で凍らせて粒状のアイスを作り、上からかける。冷涼感を味わってもらうだけでなく、熱々のクレームブリュレと温度差を作ることで風味の感じ方に時間差が生じる。味にグラデーションをつけることで、濃厚さをさらに抑えた。

1　皿にクレームブリュレを流して、上面を焦がす。クレームブリュレ自体は、マスカルポーネをたっぷり使い、あえて乳脂肪分を高めてミントチョコとの味の強弱を大きくしてある。

2　ブリュレの上にフレッシュのブルーベリーとミントチョコをのせる。

3　全体が隠れるほどたっぷりオキサリスをのせ、酸味をきかせる。

Argento

Amuse
風の味景

Bar tomato pastèque
鱸で燻した 鯛のヅケ
カッペリーニ ヤマト スイカ

Carotte pomme verte champignon
ヤメ鰻の白焼き
青リンゴ シャンピニオン 粒塩

Amadai Tougan
52Cでじっくりゆでた甘鯛の幽庵焼
矢瓜 ゆず冬瓜

Pigeon jaune d'œuf
ピジョンの炭火焼き古老農飯
卵黄コンフィ 卵黄 人参 大黒しめじ

Bœuf ail noir truffe
牛肉を纏ったビーフィレ肉
黒にんにく ワイルドライス トリュフ

Canard framboise
梅酢で焼き上げた 鴨胸肉
フランボワーズ 梅

Cerise Tiramisu
アメリカンチェリー ティラミス オペラ

盛りつけで

アルジェント

Kentaro Suzuki 鈴木健太郎

「光と影のコントラスト」をテーマとしたラグジュアリーな空間を有するアルジェント。大人の贅沢を体感できるレストランとして、大切な記念日はもちろんのこと、パーティーや接待など、特別な日に訪れる人が多い。鈴木シェフは、そんな人々の心を料理でときほぐすため、あえて「日本人が共感しやすい」遊び心を仕掛ける。フランス料理に精通した人だけに伝わる料理ではなく、集まった人たちみんなが共感でき、会話のきっかけになる料理だ。

題材に選ぶのは、日本の伝統料理や、日本人になじみ深い食材、風景など。肉じゃがを再構築した料理もある。親近感のわくワードを料理に盛りこむのは、これまでの自身のキャリアも大きく影響しているという。

「フランス料理では、テロワールがとても重要視されますが、私はフランスでの修業経験がなく、本場を肌で体験していないこともあり、フランスのテロワールが自分の料理の中枢にあるとは思えませんでした。しかし、ひらまつでの経験を通じて、サンス・エ・サヴールの総料理長であるジャック＆ローラン・プルセルシェフをはじめ、フランスを代表する素晴らしい料理人たちと交流できました。彼らはみな、自分のルーツをとても大切にしています。子どものころに食べたあの味、あの香り……、トップシェフとなった現在も、

その時代の記憶を宝物のように大事にしながら料理に反映させています。

その姿勢を見るうち、自分のルーツを自然と掘り下げるようになりました。私は生産者を応援したい気持ちが強く、日本の食材を積極的に使います。自分が育った風土で育まれた力強い食材、それこそが私のルーツです。"日本のテロワール"という言葉はいまではよく使われますし、日本の食材や伝統技術を積極的に取り入れることは、もはやスタンダードです。日本の料理人たちが海外に憧れるだけではなく、身のまわりの地域に目を向け、日本のフランス料理を発信できるすばらしい時代になったと感じています。日本人の感性を素直にぶつけ、フランス料理に昇華させるのが、自分の個性だと思っています」

レストランの空間自体が格調高いだけに、カジュアルダウンしすぎるとイメージが損なわれる。そこで、フォアグラやキャビアなど、フランス料理を代表する高級食材を使うときは、あえて盛りつけに日本らしい親しみやすさを演出し、逆に、味わいに日本料理の要素を盛り込むときには、フランスのエスプリを感じる洗練されたビジュアルへと仕上げる。

鈴木シェフの理想とする親しみやすさは、カジュアルとフォーマルの均衡を保つ絶妙な盛りつけの上に成り立っているのである。

和仏の均衡を保つ

夏の風景

マカロンにはフラン風のフォアグラムースと枝豆を挟み、上部には薄皮パウダーをふってある。

香りの詰まった薄皮を有効活用

裏漉した空豆をベースに作った生地を、空豆そっくりに成形してゆで上げる。

仕上げに素揚げ。乾きものをイメージし、表面をサクッと軽くするのが目的だ。

　縁側に腰掛けて一杯楽しんでいるような、日本の夏の風物詩をイメージしたアミューズ。枝豆形のマカロンのクリームにはフォアグラを使い、缶入りのホタテには、シャンパンムースを合わせてたっぷりキャビアをのせるなど、気さくな見た目とは裏腹に、贅沢な味わいだ。
　ビールジョッキは、ビールとベルガモットのジュレに、ヨーグルトムースを重ねたもの。ビールを煮詰めてコクを出し、そこにベルガモットの清涼感とヨーグルトの酸味を加え、苦味が立ちすぎないようにバランスを取ってある。ムースには粘度を持たせてあり、舌の上に膜を作ってジュレがダイレクトにのらないよう工夫。味わいをいっそうまろやかに感じさせる。
　空豆ニョッキと枝豆マカロンでは、香りが強い薄皮の扱いが風味豊かに仕上げる秘訣。空豆は薄皮ごと蒸すことで風味を閉じ込め、空豆は薄皮だけを乾燥させてパウダーを作り、マカロン生地にふりかけて焼く。生地の中に混ぜこむよりも、上面にふるほうが食べたときに舌に触れやすく、味をよく感じられる。

テクスチャーで苦味をコントロール

キャビアの缶の中にホタテのタルタルと酸味をきかせたシャンパンムースを詰め、たっぷりキャビアを盛る。

[作り方は124ページ]　041

藁で燻した　瞬〆すずき
カッペリーニ　トマト　スイカ

船橋の漁師たちによって瞬〆されたスズキ。尾からエアガンで空気を入れ、神経を一気に抜き取り、鮮度を保つ。

オリーブ油を全体に塗り、串打ちして藁焼き。皮面にはあらかじめ縦に細かな切れ込みを入れておき、表面だけに素早く火が入るように下ごしらえしておく。

藁焼きで香りを焼き切る

　東京湾発のブランド魚「江戸前船橋瞬〆すずき」。神経〆を針金ではなく、エアガンで行う特殊な手法が特徴で、魚へのストレスを軽減することで死後硬直が通常より3日ほど遅くなり、熟成のうま味を引き出しやすい。そのため、刺身でもうま味を強く感じられるのが魅力だ。

　ただ、スズキ特有の香りは臭みに感じられやすい。そこで、鈴木シェフは「カツオの叩き」風に藁焼きにし、身は生の状態のまま皮下の香りを焼き切り、燻香をまとわせて、スズキのよさだけを引き出した。焼いたあとはショックフリーザーで急冷して余熱の進行を抑え、表面と内側の食感にコントラストをつけてある。

　合わせたのは、トマトソースのカッペリーニ。ガスパチョに加えるきゅうりのかわりにスイカのグラニテを添え、初夏らしく爽やかに仕上げた。（神経〆の効果は80ページを参照）

スイカのグラニテは客席でサーブ。バルサミコ酢やシェリーヴィネガーで酸味をきかせてあり、カッペリーニと一緒に食べることでガスパチョの味が完成する。

[作り方は125ページ]

サメ鰈の西京焼
青リンゴ　シャンピニオン　柑橘

乳酸菌でうま味を増幅

漬け地を拭ったら炭火でじっくり火入れし、さらに余分な脂を落とす。

5枚におろしたカレイをヨーグルトとタマリンドを合わせた漬け地に1日漬け、脂と水分を抜きながらうま味を増強する。

スライスした青りんごの中に柑橘のムースリーヌを絞り、シャンピニオンのスライスやカレイを上に積み上げていく。青りんごはドライチップスとフレッシュを使い、食感にアクセントをつける。

　大型のサメガレイは、濃厚なおいしさが持ち味だが、まるでA5ランクの和牛のように脂が多く、しつこくなりがちなのが悩ましい。

　鈴木シェフが思いついたのが、西京焼の手法で適度に脂と水分を抜くことだ。味噌を使うとかえって濃厚さが強調されるため、漬け地は、タンドリーチキンからの発想でヨーグルトとタマリンドにかえ、ほどよい酸味とスパイシーな風味で上品な味わいに仕上げる。

　付け合わせには、柑橘のムースリーヌ、フレッシュのシャンピニオンスライスや青りんごスライスを重ねた。仕上げにオレンジ、レモン、ライムの皮を削りかけて清涼感を強調し、カレイをよりすっきりとした味にまとめている。

Science Memo
乳酸菌とタンパク質

　ヨーグルトの乳酸菌は、発酵の過程で「プロアテーゼ」と呼ばれる消化酵素を作り出す。この酵素は、タンパク質をアミノ酸に分解する効果がある。ヨーグルトに漬けこむと、肉や魚のうま味が増すのはこのためだ。また、タンパク質が分解されると、肉の繊維がほぐれるため、うま味が増えると同時に柔らかくなる。

　プロアテーゼはヨーグルトのほか、米麹や玉ねぎ、パイナップルなどにも含まれる。

[作り方は126ページ]

52℃で火をいれた甘鯛の鱗焼
冬瓜　ゆず胡椒

52°Cで水分を閉じ込める

身はラップでくるんで52°Cのオーブンで蒸す。水分を閉じ込めることで、繊細でふんわりとした食感になる。

皮は縮まないように両端に串を打ち、180°Cの油を10回ほどかけてうろこを立ち上げる。

皮と身を別調理

　皮と身を別々に調理し、松笠焼きならではの香ばしい皮のおいしさと、甘鯛らしい身の繊細さを共存させた。

　皮はうろこを引かず、高温の油を何度もかけて揚げ焼きにし、仕上げにサラマンダーに当てれば、水分が完全に飛んで、口にまったく残らないほどカリカリで軽い食感になる。身は花山椒を巻きこみ、低温で蒸し上げる。水分を閉じこめることで、口に入れた瞬間にほぐれるほど、ふんわりと柔らかくなる。

　やさしい味わいの甘鯛には、まろやかな冬瓜のクリーム煮のすり流し風ソースを合わせた。冬瓜の皮はソースには混ぜこまず、木の芽やかぐら南蛮（新潟県特産の唐辛子）のラー油と一緒にオリーブ油と混ぜ合わせ、辛味のきいたオイルを作って、ソースにたらす。甘鯛と同様に、冬瓜も皮と身を別々に調理してそれぞれのよさを高めることで、甘鯛と冬瓜の2つの食材だけでアクセントをきかせ、互いを引き立たせた。

冬瓜の皮はオリーブ油と、かぐら南蛮で作られた『みどりのラー油』と一緒にバーミックスで撹拌。スパイシーな冬瓜オイルは、まろやかなソースを引き締める。

［作り方は127ページ］　**047**

ピジョンの炭火焼 すき煮風
卵黄コンフィ　焼葱　人参　大黒しめじ

肉内部にソースを浸透させる

1 マリナードで漬けこんだまま低温で火入れし、1日おいて味をなじませる。

2 仕上げに液体を塗りながら炭火で表面を香ばしく焼き上げる。

　寿司、天ぷらと同じく、世界に浸透しているすき焼き。そんな日本文化を代表する料理を鳩を使ってフランス料理らしく仕立てた。

　骨つきの胸肉を、赤ワイン、みりん、醤油、ガラをベースに作ったマリナードと一緒に真空にかけ、低温で加熱して、味を肉の内部にしみこませる。そのマリナードを塗りながら炭火で皮面をカリッと焼き上げて熱々の状態で供する。切ると甘辛い肉汁があふれ、その肉汁自体がソースになる。

　付け合わせには、卵黄と塩だけで軽く味をつけた野菜を添え、肉汁ソースと一緒に食べてもらう。卵黄は低温の油に落として2、3分だけ火入れし、底面を醤油とバルサミコ酢でマリネし、酢の力で軽く固める。卵黄に軽く火が入って粘度が上がり、肉にからみやすくなるだけでなく、ふだん口にしている卵とは違う独特な食感のグラデーションを楽しんでもらう試みだ。

付け合わせの野菜は、客席で皿にのせる。肉と卵黄だけでは首を傾げていた人も、野菜小鍋の登場に「すき焼き」らしさを感じて喜んでくれるそうだ。

卵黄は62℃のオリーブ油に2〜3分入れて粘度を上げ、まったりとした食感に仕上げる。

海苔を纏った牛フィレ肉
黒にんにく　ワイルドライス　トリュフ

海苔巻きで
3つのうま味を補強

乾海苔を肉に巻きつける。乾海苔は焼海苔と違って製造過程で焼かないので、風味が強くて持続性があり、肉と一緒に焼いても風味がよく残る。

網脂で包んで上面を保護しながら焼き上げる。網脂はつけたまま供するので、口に残らないようにしっかり焼ききる。

　フィレ肉は柔らかく上品な味わいが魅力の部位だが、同じ赤身の内ももに比べると淡泊で物足りなさを感じてしまう。そこで、肉を海苔巻きにして焼き上げ、うま味の相乗効果で味わいを深めた。海苔は豊富なグルタミン酸を筆頭に、イノシン酸とグアニル酸まで含む、うま味の隠れた優等生。同じ海藻の仲間でも、昆布ほど和食の風味に寄りすぎず、磯の香りがほどよく移り、複合的な味わいになる。

　肉のまわりに海苔を巻いたら、さらにその上から網脂を巻き、300℃のオーブンに入れては休ませる作業をくり返してゆっくりと芯温を上げていく。先にフライパンで表面を焼きつけるよりも、はじめからオーブンに入れたほうが網脂が均一に引っ張られて破けづらく、網脂と海苔で肉がしっかり保護されて間接的に火が入る。

黒にんにくのピュレ、マデラソース、黒トリュフ、ワイルドライスの素揚げと、ソースや付け合わせは黒で統一。合わせて食べるとソース・ペリグーが完成する。

［作り方は127ページ］　051

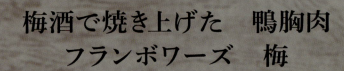

梅酒で焼き上げた　鴨胸肉
フランボワーズ　梅

骨つきの胸肉を、皮面を下にして色づくまで焼いたら、梅酒を注いでフランベ。

梅酒でアロゼ

骨つき肉は、骨のまわりに火が伝わりづらく、熱伝導を上げるためには、熱した油を骨のまわりにかける「アロゼ」が欠かせない。この手法を油のかわりに梅酒で行い、全体に均一に火入れしながら、煮詰めた梅酒を肉の表面にまとわせ、照り焼き風に仕上げた。

鴨肉によく合う甘酸っぱいソースは、梅酒とフランボワーズジュレをアボカドオイルで伸ばしたもの。アボカドオイルはコクがありつつ余計な味がつきづらく、ほのかなナッツ香が、ビュルゴーのシャラン鴨の濃厚な味わいを引き締めてくれる。

アルコールが飛んだら、アロゼの要領で肉に梅酒をかけながら均一に火入れしていく。

煮詰まった梅酒で、表面にはおいしそうな照りがつく。

［作り方は126ページ］　053

アメリカンチェリー　ティラミス　オペラ

赤のチョコレート用色素を半球のシリコン型に塗り、チョコレートを流して固める。型の下に磁石を置いて中心部分をくぼませておけば、さくらんぼのような形になる。

オペラとティラミスを融合させたプティ・ガトーだけでなく、マスカルポーネのアイスクリームも一緒にチョコレートボールの中に隠す。

客席で火をつけたマラスキーノを注いでチョコレートを溶かすと、中からプティガトーが現れる。最後にキャラメルエスプレッソの温かなソースをかけ、温冷のおいしさを楽しんでもらう。

　赤く色づけたチョコレートのボールの中にプティ・ガトーを隠し、大きなさくらんぼに成形。キャッチーな見た目が心を掴みやすく、火をつけたマラスキーノを注いでチョコレートを溶かせば、プレゼンテーションも華やか。パーティーにうってつけのデザートだ。

　中には、エスプレッソをしみこませたビスキュイ・アマンドに、コーヒー風味のクレーム・パティシエール、マスカルポーネのムース、グリオットチェリーのジュレを重ねたプティ・ガトーを忍ばせた。フランスとイタリアを代表するコーヒー菓子「オペラ」と「ティラミス」を融合させたプティ・ガトーは、なじみ深い味ながら、苦味がよくきいた大人の味わい。かわいい見た目とのギャップが、このデザートをさらに強く印象づける。

火をつけてチョコレートを溶かす

[作り方は128ページ] 055

味に不可欠なパーツ

フィリップ・ミル 東京
Philippe Mille フィリップ・ミル

だけでアートする

　シャンパーニュ地方・ランスに佇む「レ・クレイエール」。この由緒正しきシャトーホテルのレストランをミシュラン2つ星へと導いたのが、若干38歳にしてM.O.Fの称号を獲得し、国内外から注目を浴びるフィリップ・ミルシェフだ。

　2017年、彼の名を冠した世界で唯一のレストランが、東京に誕生した。ここでは、本国で高く評価されるスペシャリテだけでなく、日本の食材を積極的に活用し、「東京のテロワール」に根ざしたオリジナルメニューが展開されている。

　味作りのパートナーとして活躍しているのが、同店のシェフを務める中村哲也さんだ。日本の旬の食材をリストアップし、味や使い方、各食材に対して抱く日本人のイメージまでもフィリップシェフに伝える。そうして食材に対する理解を互いに深めながら、共同作業でメニュー開発に励む。中村さんは「細部のディテールをここまで深く追求する料理人に出会ったのははじめて」だという。

　「フィリップさんは、四季の情景などを大切にしますし、盛りつけにも独自の美学を持っていますから、感覚的に料理を作る人だと思われがちです。ですが、実際にはフォンを取るときにもグラム単位で指示を出すほど、綿密に計算を重ね

て料理を作ります。はじめてランスの調理場へ赴いたときには、システマチックでまったく無駄のない作業に驚きました」

　その無駄のない姿勢は、料理構成にも反映されている。フィリップシェフは、自身の料理について次のように話す。

　「私が手がける料理の中に、無駄な食材はひとつもありません。風味、テクスチャーが相互に作用し、相乗効果を生み出す。その最適なコンビネーションとバランスを常に探っています。その前提の上で、"食べたくなるような"盛りつけを施します。味を構成する上で必要なパーツだけを使い、惹きつける見た目に仕上げるには、素材の色合いを尊重し、美しさを引き出さねばなりません。野菜の切り方やソースの混ぜ方ひとつでも、透明感やつややかさに大きく差がつき、それが料理のビジュアルを決定づけるのです」

　色彩豊かで、モダンアートのように美しいフィリップシェフの料理。その芸術性は、彫刻家や画家など、他分野のアーティストたちと積極的に交流する中で育まれたものだ。その感性を実際に盛りつけに生かすには、調理上の細やかな配慮と計算が必要不可欠なのである。

ラングスティーヌのポワレ　トマトとズッキーニのリーニュ　花ズッキーニのファルシーを添えて

Queue de langoustine poêlée, ligne tomate et courgette,
fleur de courgette farcie

ズッキーニの花びらを1枚ずつ分け、トマトコンフィ、ズッキーニ、刻んだラングスティーヌ、卵白を練ったファルスを包み、64℃で蒸す。低温加熱でふんわりと優しい口当たりになる。

海水と同じ濃度に味つけ

　口に運ぶと、ラングスティーヌのふるさとである海が自然と思い浮かぶ。それがこの料理でもっとも必要なことなのだという。

　ラングスティーヌを冷蔵庫から出したら、海水とほぼ同じ塩分濃度の4％塩水に3分浸け、10分ほど常温に戻してから強火でさっと焼き上げる。濃度はもちろん、この3分という時間も重要で、これ以上長いと味が入りすぎるだけでなく、繊細なラングスティーヌの身から浸透圧で水分が抜けてしまう。

　エビのおいしさを存分に味わってほしいので、ソースはシンプルにオマールブルーから取ったビスクを。コライユは天ぷら粉と混ぜ合わせて揚げ、エビの食感とは対照的な軽い食感のボールに仕立てて飾った。

　初夏の訪れを感じさせる花ズッキーニには、あらかじめ味を濃縮しておいたトマトとズッキーニを詰めた。ここには細かく刻んだラングスティーヌも加え、低温でじっくり蒸して甘味を引き出す。ポワレとはまた違う角度から、ラングスティーヌのおいしさを小さなボールに閉じこめてある。

根セロリピュレでふちどった中にソースを注ぐ。ソースが不意に流れて皿の中の調和が乱れないように配慮した盛りつけ方法だ。

［作り方は129ページ］　**059**

デトックスのベールに包まれた毛蟹
甲殻類のエミュルション　エルダフラワーの香り

Kegani sous un voile ‹détox›, émulsion de crustacés au sureau

セロリ、きゅうり、ズッキーニ、りんごをジューサーにかけ、ゼラチンとアガーを溶かして流す。アガーを加えることで食感に弾力が出て保形性が高まる。

デトックスシートを丸く固めた毛蟹サラダにかぶせる。サラダには小さく切ったりんごやシブレット、サリコンヌなども入れ、食感と味にアクセントをつける。

栄養成分をジュレに閉じ込める

　血行促進効果のあるセロリをはじめ、ミネラルやビタミンを豊富に含む野菜と果物のジュースをゼラチンで固めた「デトックス」シートで、毛蟹のサラダを包んだ。ビスクに生クリームを加えて泡立てたソースには、シャンパーニュ地方に夏の訪れを告げるシュロ（エルダーフラワーの一種）の香りを抽出したオイルを隠し味に加え、甲殻類の濃厚な風味を、軽く爽やかにまとめた。

　この料理では、シートの「デトックス精神」を、いかに守れるかがポイントだ。そのためには、ジュースが酸化したり、栄養成分と風味が損なわれてはいけない。加熱は行わず、生の栄養価をそのままジュレに閉じ込める。また、ジュースを取るときは、ミキサーを使うよりもジューサーで搾り取ったほうが変色しづらく、酸化を遅らせられる。だが、何よりも大切なのは、必ず調理の最後に手がけることだ。新鮮な状態で提供するための、もっともシンプルでもっとも効果的な方法である。

ビスクを生クリームの乳脂肪分で泡立たせた軽やかなソースをかける。

［作り方は130ページ］　061

赤ワインを纏った半熟卵　ジャガイモのドフィーヌ
キャビアとクレソンのクーリー

L'œuf laqué de vin rouge, pommes Dauphine, iodé au caviar

つややかなグラサージュを卵の上から一気にかける。

皿を回転台にのせて高速で回しながらピュレを絞り出すと、均衡のとれた美しい円になる。

2つの技術で生まれる つややかな表面

　赤ワインとビーツのグラサージュでコーティングされた美しい卵が主役。なめらかで鏡のようにつややかな表面に仕上げるには、卵のゆで方とソースの混ぜ方が重要になる。

　卵はまず、1〜2週間ほどおき、濃厚卵白のタンパク質を変性させて水様卵白に変える。こうしておけば、卵白がぎりぎり固まる程度に短時間ゆでただけでも、殻をむきやすい。ゆでるときは湯をかき混ぜながら均等に火入れし、氷水に落としてさましたら、卵の殻をたたいて細かくひびを入れ、少しずつむく。

　グラサージュは、泡立て器ではなく、へらでていねいにかき混ぜながら、できるだけゆっくり煮込む。泡立て器を使うと細かな気泡が入り、表面がマットに仕上がってしまう。

　重厚感のある卵に組み合わせたのは、クレソンピュレにシャンパーニュソースを少量加えたソース。ここに、パータ・シューとじゃがいもピュレを合わせたドフィーヌを添えた。卵にはシャンピニオンとほうれん草のエチュベ、ドフィーヌには赤玉ねぎのピクルスを下に敷き、ドフィーヌがソースについて食感が損なわれないように工夫してある。とくにピクルスは隠れた名脇役で、鋭い酸味が全体を引き締め、キレのある味に仕上がる。

3分10秒だけゆでた卵は、卵白の表面だけが固まり、ナイフを入れると中から卵黄がとろりと流れる。全体をからませながら食べる。

［作り方は132ページ］

色々な季節の貝類とキャビア
燻製をかけたカリフラワーのエスプーマ
Coquillages de saison et au caviar, crémeux de choux-fleurs fumé

さっと下ゆでした3種の貝と小さなカリフラワーの房をフュメ・ド・ポワソンとシャンパーニュソースにからめる。シブレットやレモンのゼストをちらし、清涼感もプラス。

　カリフラワークリームからただよう燻製の香りと、たっぷりのキャビアが目を引く一皿。

　クリームの下には、シャンパーニュソースをからめた小さなカリフラワー、オイスターリーフ、数種の貝が隠れている。貝やキャビアのうま味、カリフラワーの甘味、燻製の香りが融合し、熟成させたチーズを思わせる濃厚な風味が味わえる。フランスでもアラカルトメニューとして人気で、現地ではマテ貝を使うことが多いが、ここでは日本の旬に合わせ、ホッキ貝、ミル貝、タイラ貝と、甘味の強い貝を組み合わせてある。

　この料理では、貝類とキャビアの塩味を計算してカリフラワークリームの味を決める必要がある。細かなことだが、デザートのレシピと同様、あらかじめ正確に塩を量って加えることが一番大切なポイントなのだそうだ。

クリームに燻製の香りをつける

カリフラワーピュレを広めのバットに広げ、燻製機に3分かけて香りづけする。

燻製したピュレに生クリームを加え、エスプーマできめ細かなムース状に絞り出す。

[作り方は134ページ]　065

和牛ローストとアーティチョークの塩釜焼 香ばしい玉葱のムースリーヌ

Bœuf et artichauts cuits en croûte de sel,
mousseline d'oignon à la flamme

岩塩、薄力粉、卵白、水で作った生地を2mm厚さに伸ばして昆布で巻いたアーティチョークを包む。麺棒で伸ばしやすい弾力ある配合にしてある。

昆布に包んで焼く

プランチャーで全面を黒く焦がした塩釜。豊かな香りを楽しんでもらうため、客席で開けてサーブする。

塩釜で香りとうま味を閉じこめる

　シンプルな和牛のローストとともにテーブルに運ぶのは、真っ黒に焦げた塩釜。開けた瞬間にアーティチョークの豊かな香りが広がり、白く美しい姿が見えると、黒い塩釜とのギャップに歓声が上がることも多い。

　アーティチョークはあらかじめレモンを入れた湯で2分ほど下ゆでし、付け根を湯に浸したまま冷やす。こうしておくことで、素材の酸化を防ぎ、塩釜焼きにしたときに味と色を保つことができる。さらに、少量のフォン・ブランで軽く蒸し焼きにし、下味もつけておく。

　塩釜で焼くときは、昆布で包んでから生地で覆う。塩味がつきすぎたり、塩で素材が変質するのを防ぐだけでなく、昆布の香りとうま味をアーティチョークに移すのが目的だ。

　2種のソースは、牛肉のジュとブールノワゼットのサヴァイヨン。どちらもソーシエに入れて運び、アーティチョークとともにサービスする。皿にのせた瞬間がもっとも香り立つことと、運ぶ途中でソースが流れ、美しさが損なわれるのを防ぐ配慮だ。

［作り方は131ページ］　**067**

赤ワインを纏った小鳩のファルシー
ヴァニラ風味のビーツのスパイラル

Pigeonneau taillé au couteau,
tourbillons de betteraves parfumés à la vanille

2種のビーツは桂むきにしてバニラ風味のバターで火入れして飾る。そばには、花形に抜いたパータブリックを飾る。

美しいグラサージュで味わいの一体感を高める

小鳩の胸肉を切ると、刃がすっと入るのに驚く。胸肉の形をしているが、実は小さく切った鳩肉とフォアグラのテリーヌを練り合わせた濃厚なファルシーなのだ。胸肉の中にファルスを詰めるのではなく、胸肉自体もファルスの一部にすることで、均一に火入れができ、極上のしっとり感となめらかな舌触りが味わえる。

ソースは、牛テールのジュと赤ワインをベースに鳩ガラを加えて作り、バターモンテのかわりに豚血で繋ぐ。鉄分の香りを強めることで、鳩らしい力強さが強調できる。ソースとファルシーは固さと舌触りが揃っているので、グラサージュとしてかければ、見た目の美しさはもちろん、味わいの一体感も一気に高まる。

この料理では、フィリップシェフが好物だというビーツの切り方が斬新だ。魚は切り方や厚みによって食感や食べたときに受ける印象が大きく異なる。そこからインスピレーションを受け、ビーツがもつ絹のようになめらかで繊細な要素を引き出すべく、桂むきを採用した。渦巻き状にしっかり巻き、バニラ風味を移したバターをかけ、オーブンで優しく火入れしてある。バニラの甘い香りがなめらかな印象をより強調してくれる。

1 1cm角に刻んだ鳩の胸肉、フォアグラのテリーヌ、鶏のムース、シャンピニオンを混ぜ合わせて形を調え、真空にかけて56℃でじっくり蒸し上げる。

2 グラサージュはコーヒーフィルターのような目の細かい漉し器を使って漉し、なめらかな状態にしてからファルシーに一気に流しかける。

3 グラサージュが固まらないうちに根セロリピュレで縞模様を描く。

［作り方は135ページ］

軽いアーモンドのクリームとアメリカンチェリーのフィーユ
甘酸っぱいグリオットチェリーのソルベ添え

Feuille é feuille de cerises, mousse d'mandes,
marmelade de griottes et son sorbet

食感の異なる3種のチュイル

ひと口ですべてのパーツが口に入るよう、上に重ねて盛りつける。

　皿の中に一輪の花が咲く可憐なデセールは、フランスのデザートコンクール「チャンピオン・ド・フォンス」のため、当時「レ・クレイエール」に在籍していたフィリップ・ミル 東京のシェフ・パティシエ石田佳奈子さんとともに作り上げた思い出の味。シェフのお気に入りデセールのひとつで、季節ごとに旬の食材を使って味わいを再構築しながら、通年提供している。

　ここで紹介するのは、初夏の香りただようチェリーバージョン。グリオットチェリーのソルベ、アーモンドムース、ミックスベリーとグリオットのマルムラードを、飴、ホワイトチョコレート、ガヴォット生地の3種の花形チュイルを挟んで重ね合わせてある。3つのチュイルは食感や口溶けが異なり、その違いを同時に楽しめるのがこのデセールの魅力。バラバラに配置するより、すべてのパーツを上に積み上げたほうが、同時に口に運んでもらいやすくなる。見た目の美しさだけでなく、食べ方を計算に入れた盛りつけである。

食べ方を考えた組み立て

1 グリオットチェリーのソルベはホワイトチョコレートとカカオバターを混ぜたものでコーティングし、アーモンドムースを少量絞ってチョコレートのチュイルを重ねる。

2 ミックスベリーとグリオットのマルムラードをのせる。ベルベーヌの葉を加え、爽やかな香りを加えてある。

3 チュイル・ガヴォット、アーモンドムース、オパリーヌ(飴のチュイル)を順に重ねる。

［作り方は133ページ］

料理名×実食＝

1 最初は
季節を
お手に取って一口で

2 雲丹
サヴァイヨン
Earl Gray

3 死後硬直
伝助穴子
菌

4 放たれる旨味
zubrovka
熟成

5 二足歩行
ドライトマト
versatility

6 滋味深い
wコンソメ
安堵感+旨味

7
蕗の薹
macaron

8 ババ
パイナップル
温度感

特別な食体験

アルゴリズム

Hiroki Fukaya 深谷博輝

食材、調理法、科学変化、情景、感情……、iPadに表示されたアルゴリズムの料理名には、料理を象徴する3つのキーワードが、ジャンルを問わずに羅列されている。

このキーワードは、シェフから食べ手に投げかける謎かけだ。キーワードをもとに、どんな料理が出てくるのかをあらかじめ予測し、実際に提供された料理を食べながら、キーワードと照らし合わせ、意図を読み解いていく。スープを提供するさいには、どんなエキスが溶け込んでいるのかを当てる、利き酒ならぬ「利きスープ」を楽しんでもらうこともある。ゲーム要素をふんだんに盛り込んだ独特のプレゼンテーションだ。

カウンター席だけのアルゴリズムでは、初対面の人たちが居合わせることも多く、はじめこそ緊張感が漂うが、この「謎かけ方式」のおかげで、シェフとの会話はもちろん、客同士が打ち解けることが多い。店全体がアットホームな雰囲気で、料理について率直な意見交換が交わされることもある。

「この提供方法を取り入れたことで、お客様は、答えを探るべく、自然と味覚に集中してくださいます。その結果、何気なく食べているだけだと見過ごしてしまうような、わずかな味の変化や食感の違いにも気づいていただける。せっかく店まで足を運んでいただいたからには、料理を細部まで分析して楽しんでもらい、"おいしかった"以上に、特別な食体験として記憶に残してもらえればと思っています」

遊び心あふれるプレゼンテーションは、自身の世界観を伝えるのが目的ではなく、あくまでも料理を深く味わってもらうための仕掛けなのだ。

「アルゴリズム」という店名や「フレンチ方程式」というコンセプトから、難しいイメージを持たれやすいが、料理名のキーワードは、食べてみるとすんなりと納得できるものばかり。シェフは「思いついた言葉を素直に文字にしているだけですよ」というが、誰でも気軽に謎解きに参加できる絶妙な言葉選びが、この提供方法をエンターテイメントとして優れたものにしている。

1 最初は
季節を
お手に取って一口で

枝を握って、新芽にかじりつく。

春の訪れを五感で体感できる大胆なプレゼンテーションは、「アルゴリズム」という店名から受ける難解そうな先入観を崩し、緊張感を解きほぐすための仕掛け。カウンター越しに手渡しすれば、場の空気が一気になごみ、はじめてのお客様も、質問や料理への感想を気さくに伝えてくれるようになるそうだ。

調理法もあえて奇をてらわず、山菜の天ぷらを思わせる親しみやすいフリットにしてある。とはいえ、食べてみると天ぷらとはまったくの別物。通常よりも水分をかなり多く配合したベニエ生地を使うことで、衣にできる気泡の数が増え、繊細で軽やかな食感になる。

手渡しで供すぶん、揚げてから食べるまでの時差も限りなく減らせ、食感のよさをさらに強調できる。

めったにお目にかかれない枝つきタラの芽。アルゴリズムには、情熱あふれる生産者から良質かつ面白い食材が集まる。そのすばらしい食材こそが深谷シェフの料理作りの原動力だ。

Science Memo
フリットとグルテン

フリットでは、高温の油によって、衣の水分が一気に蒸発し、ミクロの穴があく。その穴の中に揚げ油が入り込み、油脂のうま味や、香ばしい香りがつく。衣を混ぜすぎると、小麦粉に含まれるタンパク質同士がつながって網目状のグルテンが形成される。グルテンの網目が水蒸気が通る穴をふさいで水分がうまく抜けなくなるため、さっくりと仕上がらない。

[作り方は136ページ]　075

2
雲丹
サバイヨン
Earl Gray

秋から春には濃厚なバフンウニを使用。夏だけはさっぱりした味わいのムラサキウニを使う。

クリーム状のサバイヨンは舌にのっている時間が長く、素材そのままを食べるよりも濃厚に感じられる。底には生ウニも入れ、味わいに変化をつける。

　白ワインなどの液体と卵黄を撹拌しながら加熱して作るのが基本的なサバイヨンだが、深谷シェフが作るウニのサバイヨンには、なんと卵黄が入らない。それでも、通常のサバイヨンと同じようにクリーム状にふんわりとなめらかに仕上がっている。卵黄をいっさい加えないことで、ウニの濃厚なうま味がよりダイレクトに伝わってくる。

　卵黄を加えなくてもクリーム状になるのは、ウニの効果だと考えられる。あまり知られていないが、ウニの可食部分は、卵巣と精巣。タンパク質はもちろんのこと、「レシチン」など、卵黄とは共通の成分が多く含まれているため、卵がもつ凝固作用や気泡性、乳化作用がウニにも備わっている可能性が高い。卵黄で作るサバイヨンに比べて食感はより軽く、口に入れた瞬間にふっと消えるほど。それでいて、甘味と磯の香りは余韻として長く口内にとどまる。

上面にはアールグレイ風味のサブレをふり、食感にアクセントをつけて後味を爽やかにまとめる。

［作り方は136ページ］　　077

3 死後硬直
伝助穴子
菌

「穴子は死後硬直寸前においしさのピークがくる」
　試行錯誤をくり返し、深谷シェフがたどり着いた答えだ。魚は熟成させることでうま味が増すと考えられがちだが、穴子の場合は熟成でアミノ酸量を増やすことでかえって個性が弱くなったり、寝かせることで食感が柔らかくなりすぎたり、雑味が出ることも多いという。

　そこで、熟成させずに死後硬直がはじまる寸前の身がいかった穴子を、網焼きとフリットの2種の調理法で提供する。ベニエ生地をくぐらせて高温で揚げたフリットは、水分が閉じ込められ、ふだん食べている穴子に近いふんわりと柔らかな食感。対する網焼きは、死後硬直前ならではの弾力と歯応えが楽しめる。フリットを添えることで、網焼き穴子の食感を強調し、火入れや下処理の違いで生まれる味の変化をより明確に感じてもらうのが狙いだ。

　死後硬直をコントロールするために、深谷シェフは活き穴子を神経締めにする技術を習得。神経締めをすれば、死後硬直を起こす時間が1日ほど遅れるので、営業時間に合わせて調理が進められる。（魚の締め方と熟成については次ページを参照）

皮はしっかりと焼き切り、身側もさっと焼いて引き締める。

ふっくらと揚がったフリットと歯応えのよい網焼き穴子。食感の対比がすばらしい。

［作り方は137ページ］　　079

Science Memo

魚は締め方で鮮度が決まる

　魚の鮮度には、身体を動かすためのエネルギー「ATP（アデノシン三リン酸）」が深く関わっている。魚が生きている間は、ATPは消費されたぶんだけ補給されて一定量を保っているが、死ぬと分解されるだけで補給はされなくなる。体内に残っているATPが分解されて減っていくと、筋肉は徐々に収縮し、死後硬直がはじまる。ATPは、核酸の一種である「イノシン酸」に分解されるため、分解が進むほど、うま味は増していく。ATPがほとんどなくなると、死後硬直が解けて魚の身体は柔らかくなり、さらに分解が進むと、今度はイノシン酸が別の成分に変わってうま味が減っていく。この分解とともに、細菌なども増殖しはじめ、腐敗へと向かう。

　鮮度を長く保つには、締める時点でATPをいかに多く残せるかがポイントだ。魚が身体を激しく動かしたり、ストレスをかけると、締める前にATPは大量に消費されてしまう。たとえば、水揚げしたまま放置すると魚は暴れてもがき苦しみながら絶命するので、死んですぐの時点でATPはすでにほとんど残っておらず、すぐに死後硬直がはじまってしまう。逆に、魚がストレスを感じる前にすばやく締めることができれば、ATPが体内にしっかり残るので、死んでからATPが分解されつくすまでの時間が長くなり、鮮度のよい状態が長く続く。

　すばやく締めるもっとも効果的な方法は、神経締めだ。一般的な活け締めでは、脳死状態にすることでストレスを軽減し、脳からの指令による運動を止めてATPの消費を防ぐ。ただ、この方法では、締めたあとに起こる筋肉の痙攣で、ATPは多少消費されてしまう。神経締めは、背骨のそばにある脊髄を破壊することで、脊髄反射で起こる痙攣すら防ぎ、ATPの消費を最小限に食い止められる。

　42ページで鈴木シェフが使用した「江戸前船橋瞬〆すずき」は、水揚げされたスズキを締めるさいに、エアガンで脊髄の中の神経を吹き飛ばし、神経締めを行ってから出荷されている。また、深谷シェフは活き穴子を仕入れ、ワイヤーを使って自ら神経締めを行うことで、死後硬直までの時間をコントロールしている。

78ページの穴子の神経締め。まずは頭部に包丁で切りこみを入れる。頭を布巾で覆って掴むと、穴子はおとなしくなり、滑り止めにもなる。

背骨のすぐ上に、脊髄の小さな穴がある。

脊髄の穴に、神経締め用のワイヤーを通していく。このワイヤーは弾性があってしなるので、脊髄に沿って簡単に入っていく。

脊髄は尾まで続いているので、奥までしっかり通し、ワイヤーを上下に動かして神経をつぶす。塩水に浸け、血抜きする。深谷シェフによれば、1日程度硬直を遅らせることができるそうだ。

熟成で変わるうま味と食感

　魚の味に影響する成分は、アミノ酸や糖類など100種以上にも及ぶ。熟成中には、ATPがイノシン酸へと分解される裏で、ほかにも味に関わる重要な分解が起こっている。タンパク質の分解だ。

　タンパク質は、魚自身が持つ自己消化酵素によって、グルタミン酸などのアミノ酸へと分解される。ATPの分解では、時間が経過しすぎるとイノシン酸が別の成分に変わってうま味は感じづらくなるが、タンパク質の場合は時間が経過するほどに分解がどんどん進んでアミノ酸量が増え、うま味や甘味を強く感じられる。タンパク質が分解されると筋繊維がほぐれるので柔らかくなり、最終的には魚醤や塩辛のように液状化していく。

　勘違いされやすいが、死後硬直が起きる前は、身体は柔らかいが身質は弾力があって硬く、コリコリ、プリプリしている。死後硬直が起きると身体は硬くなるが、タンパク質の分解ははじまるので、身質自体は徐々に柔らかくなっていく。さらに時間が経つに従ってしっとり、ねっとりとした食感に変わっていく。

　食感と反比例して、うま味や甘味は増していく。弾力とうま味はトレードオフの関係にあるわけだ。また、時間をかけるほど、タンパク質はアミノ酸に分解されるいっぽうで、ATPの分解でできたイノシン酸は、別の成分へと分解されていくので、そちらのうま味は減っていく。どの地点をもっともよい状態だと判断するかは、魚種の個性や調理法、好みによって大きく異なる。料理人の腕の見せどころだ。

　ちなみに、どんな魚でも熟成できるわけではない。腐敗が起こるからだ。一般的に海水魚より淡水魚のほうが腐敗しやすく、海水魚のなかでもサイズや種類によって速度は異なり、さらに、締め方も深く関係する。神経締めのように鮮度を長く保てる魚なら、熟成期間を長く取ることができ、味わいを深められる。熟成のさいには、紙にくるんで毎日その紙を取り変えるなど、身からしみ出る水分をしっかり取る必要がある。腐敗を起こす微生物は水分がある状態で活発に活動するため、水分を拭き取ることで、腐敗を防ぎながら熟成できる。

深谷シェフが3日熟成させた甘鯛。身はまだ白っぽい。熟成が進むとやや黄色味がかってくる。7〜10日ほど熟成させてから使用する。

こちらは、23ページの料理で髙橋シェフが2週間熟成させたもの。ほんのりと黄身がかっているのが分かる。

081

4 放たれる旨味
zubrowka
熟成

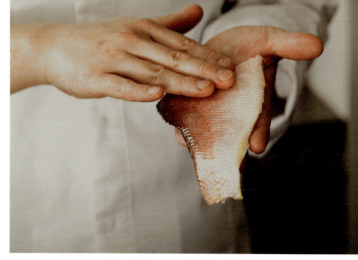

甘鯛の表面にオリーブ油を塗ってから皮面を焼く。うろこの間に油が入りこみ、しっかりとうろこが立ち上がる。

　揮発性の香りは、温度が高いほどに香り立つ。
　80℃に温めた皿に松笠風に揚げ焼きにした甘鯛を盛りつけて供し、客席で香りのピークを向かえるように温度を計算した料理だ。
　ソースはブール・ブランのズブロッカ風味。混ぜ込んだズブロッカの香りは、調理中に揮発し、まろやかになってしまう。そこで、塩漬けの桜葉を漬け込んだズブロッカを提供直前に料理に吹きかけ、香りを強化して印象づける。
　甘鯛は厳密な温度管理が可能な冷蔵庫で1週間〜10日ほど熟成させてある。食材が凍結するぎりぎりの温度帯で熟成できるため、腐敗のリスクを大幅に下げられるのがメリットだ。熟成期間は長く取るほどアミノ酸が増す一方、長すぎるとアミノ酸の味に支配され、その魚種がもつ個性が損なわれがちだ。個体によっても熟成の進み具合は異なるため、実際に味見をし、ちょうどよいタイミングを見計らう。（魚の熟成については80ページを参照）

「桜餅のような香り」と形容されるズブロッカに、桜葉を漬け込み香りを強化。提供直前に料理に吹きつけ、香りを立ちのぼらせる。

［作り方は137ページ］　083

5

二足歩行
ドライトマト
versatility

骨 スープ

内臓 ラヴィオリ

もも肉 コンフィ

胸肉 ロースト

冷蔵庫の風に当てて乾かしながら、肉の弾力と皮目の乾き具合を実際に確かめて熟成を進める。

　二足歩行……つまり家禽の鳩肉を、胸肉とフィレ肉はロースト、もも肉はコンフィ、内臓はラヴィオリのスープと、部位ごとに分けてそれぞれに適した調理法で仕上げる。謎めいた響きの料理名とは対照的に、ジュのソースを使ったオーソドックスな味に仕立てたのは、メインで定番のおいしさを挟むことで、安心感と食事への充足感を高めるのが狙いだ。

　鳩肉は毛を取った状態で2週間熟成させる。熟成度合いは人によってさまざまで、腐敗の一歩手前まで進める人もいるが、深谷シェフの場合は浅め。ほのかに香りが出る程度の熟成にとどめることで、うま味を増幅させ、風味に奥行きを出している。

ハツ、レバー、砂肝はラヴィオリに。1cm角に切って食感を生かす。

コフレ(骨つき胸肉)の状態で、表面をフライパンで焼き、200℃のオーブンに2〜3分入れては休ませる作業を何度もくり返してじっくり中まで火を通す。

［作り方は138ページ］　085

6 滋味深い
Wコンソメ
安堵感＋旨味

アルゴリズムで、お口直しの役割を担うのは、グラニテではなくスープだ。一般的に供されるグラニテでは、これまでに食べた動物性の油脂が口内や胃の中で冷え固まり、かえって重たく感じてしまう。そう考え、逆に温かい液体で油脂分をすっきり洗い流してもらおうと、キレのある味わいのスープを提供しているそうだ。

ここで紹介するコンソメは、ホタテのヒモのエキスに、楊枝の材料として知られる黒文字と、ふきの香りを移したもの。うま味の強いエキスに、ほろ苦さと清涼感ある香りが融合し、すっきりとした後味だ。深谷シェフが試した結果、黒文字の香りは水溶性でコンソメにも溶けやすく、70℃前後でもっと香り立つ。そこで、香りを抽出したコンソメを70℃に温め、ハードリカー用の蓋つきグラスに入れて供する。客が蓋を開けた瞬間に一気に香りが立ち上がる仕掛けだ。

実際に供すさいには、あえて何も説明せず、ワインテイスティングのように香りと味をじっくり味わい、入っている素材を言い当ててもらうそう。客席との距離が縮まるだけでなく、頭を働かせながら飲むことで味覚が鋭くなり、複雑な風味まで感じてもらいやすくなる。

ホタテのヒモを5時間かけて煮だし、うま味を抽出。澄んだ液体なので、クラリフェは不要。

黒文字とふきを加えて香りを移す。通常のコンソメ作りで行われる澄まし(クラリフェ)工程のかわりに香りを移す工程を取り入れていることから、ダブルコンソメとネーミングしている。

茶漉しで漉して直接グラスへ注ぎ、すぐに蓋をする。香りを閉じ込めるためのひと工夫だ。

香りづけに使った黒文字。味わってもらったあとに食材を客席で披露し、香りを嗅いで答え合わせをしてもらう。

[作り方は136ページ]　087

7 ババ
パイナップル
温度感

シフォンケーキを選んだのは、気泡が大きく、ラムの香りがきいたシロップがしっかりしみこむからだ。

　深谷シェフがデザート作りで常に心がけているのが、「甘味を極限まで抑えること」。
　コース料理の最後に食べるデザートでは、甘味をきかせすぎると、重くて食べ進めづらく、食後に胃がもたれてコース全体が重く感じられてしまうからだ。とはいえ、たんに甘味を減らしただけでは、今度は印象が薄く、物足りなくなってしまう。甘味の少なさを、いかにほかの要素で補うかが課題だ。
　このデザートでは、ほうじ茶のシフォンケーキにてんさい糖とラムのシロップをしみこませてある。ほうじ茶の香ばしさとほろ苦さ、てんさい糖のコク、さらにアルコールもしっかりきかせ、甘味以外の風味を強調することで、複合的で満足感の高い味を目指す。
　さらに、パイナップルはチュイル、ソルベ、生の果肉と、食感、水分量、温度の異なる3種を添えた。酸味と風味を多角的に表現し、より奥行きある味わいに仕上げている。

薄い輪切りにしたパイナップルは100℃で1時間乾燥させ、パリパリと軽い食感に仕上げる。

［作り方は139ページ］　　089

8 苺
蕗の薹
marcaron

中まできつね色になるようにしっかり焼きこんだメレンゲ。軽やかな食感になるだけでなく、香ばしさがアクセントになる。

　マカロンのおいしさを改めて考察してみると、①表皮のパリッとした歯触り、②生地内部のしっとり感、③アーモンドの香ばしさ、④クリームのなめらかさ、⑤濃厚な甘味、といえる。この中で、濃厚な甘味だけを排除すべく、4つの要素はそのままに再構築した。

　再構築するうえで着目したのが、苦味だ。人間の舌は苦味を敏感に感じ取るため、苦味をきかせることで味にメリハリがつき、甘味が少なくても物足りなさは感じづらい。天ぷらで供されることが多いふきのとうなら、油脂との相性もよく、生クリームにもマッチする。ジャムにして生クリームと合わせ、甘味と苦味のバランスを取り、しっかり中まで焼きこんだ歯触りのよいメレンゲをまわりに張りつける。

　さらに、アーモンドのかわりに紅茶のジェノワーズを合わせれば、香ばしさと生地のしっとり感が味わえる。見た目も風味もまるで違うものの、マカロンらしいおいしさの要素を網羅したデザートが完成した。

紅茶のジェノワーズといちごの上にフランボワーズソルベをのせ、ふきのとうクリームを上からかける。ソルベで温度差をつけることで、さらに味にメリハリをきかせてある。

まわりに小さなメレンゲを張りつける。ふきのとうの形をイメージした盛りつけ。

[作り方は139ページ]　091

食べ手の表情を観察し、

オルグイユ

Fumiya Kase 加瀬史也

好みの味を見つけ出す

　料理人の手を離れた瞬間から、それ以上に料理がおいしくなることはない。

　この考えに基づいた加瀬シェフのプレゼンテーションは実にシンプルだ。余計な飾り立てはせず、1秒でも早く出す。1秒でも早く食べてもらいたいから、料理の説明もかぎりなくゼロにする。頭で食べず、舌で感じてもらいたい。

　だが、そのシンプルな盛りつけの裏側には、加瀬シェフの深い洞察力が隠されている。

　「同じ料理でも、食べる順番でおいしさは変化します。だから、お客様が料理のどこから食べはじめるかを観察し、一般的な食べ方のセオリーを研究しました」

　組み合わせを楽しんでもらいたいときに、一緒に食べやすいように包んだり、巻いたりするのはもちろん、アクセントにちらすほんの小さな欠片も、どのタイミングで口に入るかを計算して配置する。また、右利きの人は左側から食べることが多い。部位によって味わいが異なる野菜などは、食べ進めるごとに味が濃厚になるよう、濃厚な部位を右側に置くなど、かなりの綿密さだ。さらに、実際に食べ方を観察し、その人に合わせて瞬時に盛りつけ方を変更することもある。

　即興で変えるのは盛りつけだけではない。食事の進み具合や飲んでいるもの、食べたときの反応によって、味つけまで客に合わせて変えてしまう。塩のきかせ方などの微調整だけでなく、ソースや調理法まで、がらりと変更することも多い。完成されたレシピをその場で変えるなど、難易度もリスクも高すぎる試みをあっさりやってのけるのだから驚きだ。

　「自分が客としてレストランに足を運んだときに、シェフのお任せコースでも自分が食べたいものが出てきたらすごく嬉しくなる。その気持ちを店に訪れてくれたお客様全員に味わってもらいたいので、『全席シェフズテーブル』という意気込みで向き合っています」

　席数を12席に絞り、オープンキッチンとフロアの段差をフラットにしたのは、客に調理風景を楽しんでもらうのではなく、自分がフロアをしっかり一望したいから。一瞬の表情の変化も見逃さないよう、常に客席にアンテナを張っているのだ。

　加瀬シェフはシャンパーニュ地方のレストランで修業を積んださい、個性豊かで懐の深いシャンパーニュの数々に惚れ込み、「シャンパーニュに合う料理だけを作る店を構えたい」と心に決めた。オルグイユのワインリストには、開店以来シャンパーニュしか載ったことがない。そこでこの章では、オルグイユで人気の「シャンパーニュ・ペアリング」を料理とともに紹介する。

タルトフランベ

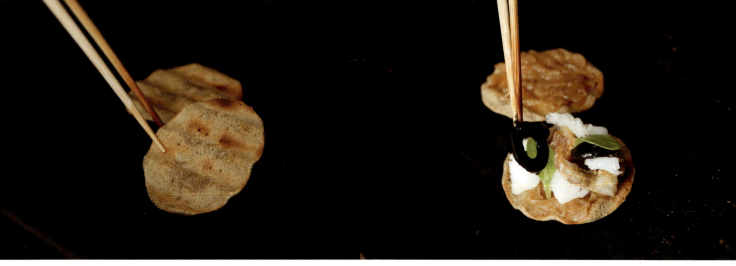

1 香りが強いイタリア産のそば粉をベースに作った生地を、波天板で表面積を広げて焼き上げる。

2 玉ねぎのキャラメリゼ、アオリイカ、イカスミで炊いたオリーブを飾る。

全パーツを別に仕込んでおいしさを積み上げる

アルザス地方の郷土料理「タルトフランベ」を再構築。薄焼きピザ風の素朴な料理が、必ず提供する定番アミューズだというから面白い。

本来は生地に具材やソースをのせて焼きこむが、加瀬シェフは生地と具材のどちらも最高の状態で仕上げるため、別に仕込んで組み立てる。生地はそば粉をメインにした配合で香ばしさを強調。波天板で焼いて表面を波打たせることで、表面積を広げ、サクサク感を向上させている。

具材はコースによって変えており、今回はアオリイカが主役。胴体は格子状に細かな切りこみを入れてさっと炒め、非常に柔らくジューシーに仕上げる。ゲソはフリットで歯切れよく、イカスミはソースがわりにオリーブとアンチョビと一緒に炊き上げる。見た目だけでは驚きや面白さは感じられないが、食べるとそのストレートなおいしさに目を見張る。

小さなパーツひとつひとつに対し、細部まで調理法を追求し、その積み重ねの上に完成したタルトフランベは、「各素材を最高の状態に仕上げ、おいしさに直結しないパーツは使わない」というシェフの方向性を象徴する、名刺がわりの料理である。

Champagne pairing

**ミニエール
アンフリュアンス・ブリュット**

ピノノワール35％、ムニエ40％、シャルドネ25％のブレンドもの。ふくよかながら若々しく、泡が細かくてシャープ。2杯目以降、シャンパーニュの味の変化を楽しめるよう、はじめはあえてスタンダードな味わいのものをチョイス。オルグイユでは、基本的に温度は高めで提供するが、はじめの1杯だけはしっかり冷やし、乾いたのどをすっきりうるおしてもらう。

[作り方は140ページ]

ヒラマサ　カブ　ライスペーパー　タロッコオレンジ

Champagne pairing

フェルナン・ルメール　ロゼ

シャルドネに5％のピノ・ノワールを混ぜ合わせてほんのり色づけたロゼ。色合い、風味ともにブラッドオレンジとの共通項が多く、料理と方向性の似た味わいでマリアージュを狙う。

味の方向性を統一

　3つの異なる食材に、タロッコオレンジ（ブラッドオレンジの品種）の風味をつけた。どの食材を食べても常にペアリングしたシャンパーニュに合うように考えられた料理だ。風味を統一すると、どうしても単調な味になりがちだが、3つの食材は、酷似した見た目とは裏腹に食感がまったく異なり、その違いで、味わいに奥行きを出している。

　さらに、タロッコオレンジの果肉やブレザオラ（マグロの塩漬け）を味のアクセントとして加えてある。これらは、ただちらすのではなく、何口か食べ進めてから口に入るように計算し、ブレザオラは中央付近に、果肉は小さく切って中に忍ばせる。アクセントとなる食材が、より効果的に働くための工夫だ。

シチリア産のブレザオラ。マグロを塩漬けにして脱水した生ハムのような食感と強いうま味が特徴。

ライスペーパーは水のかわりに果汁で1時間ほど戻すと、独特のもっちりとした食感が得られ、タロッコオレンジの風味もよく吸収してくれる。

食感で風味に奥行き

ヒラマサはライスペーパーや小カブと同じほど薄く切り、両面に軽くタロッコオレンジ果汁を塗る。

[作り方は141ページ]　097

ホワイトアスパラガス　ホタテ　雲丹

日本酒でボイル

ホタテの風味が移った日本酒をごく少量加えて真空にかけ、アスパラガスの風味を閉じ込める。

中国料理の「酔っぱらい海老（海老の老酒漬け）」からの発想で、ホタテを日本酒で加熱。38℃の低温で泳がせることで生とは違う独特の食感を作り上げた。火が入っているため、生より香り高くなるのも魅力だ。

ホタテのうま味が移った日本酒とアスパラガスを真空状態でボイルし、味の流出を防ぎながらホタテのうま味を移す。アスパラガスが持つ特有のえぐみが日本酒でマスキングされ、ほろ苦さが短所ではなく、素材の個性としておいしく感じられる。盛りつけるさいは、やさしい味わいの穂先から食べはじめて徐々にアクが強くなっていくように計算し、右利きの人には穂先を左側にする。

また、アスパラガスらしい風味が詰まった軸と袴は捨てず、うにと合わせてソースに仕立てた。ホタテの新しい食感と、アスパラガスのおいしさを凝縮した力強い料理である。

アスパラガスにホタテとウニを並べる。アスパラガスは切ると断面からうま味が出たり、さめやすいので、あえて丸ごと供する。

Champagne pairing

セバスチャン・ブレシオン

石灰質を多く含む土壌で作られたシャルドネを100％使っており、蜜っぽい甘味がありながら、ミネラルを多く含んでいるためアスパラガスとは共通の余韻がある。

火入れしたホタテ。薄く切るとふちがやや白っぽく、タンパク質の変性がはじまりかけているのが分かる。

[作り方は140ページ]

筍　春野菜　イノシシ

皮は香りの宝庫

香り豊かな筍の皮は、煮出してスープに利用する。

　主役の筍は、アク抜きせずにオリーブオイルと塩と一緒に真空にかけ、圧力をかけて炊く。アク抜きや煮込み時に流出してしまう味を閉じ込め、筍本来の甘味を最大限引き出すのが目的だ。もちろん、アク抜きせずに使うには素材の品質自体が非常に重要。加瀬シェフが使うのは、京都・長岡産の「白子筍」。一般的な筍に比べ、えぐみとアクが圧倒的に少ないのが魅力だ。

　圧力で炊くので、甘味が引き出せるぶん、歯応えはどうしても損なわれる。そこで、筍の穂先とモリーユ茸や菜の花を刻んで野菜のタルタルを作り、食感を補ってある。

　食欲をそそる筍らしい香りは、じつは可食部よりも皮に多く含まれている。そこで、皮をオーブンでローストし、煮出して香りを抽出。スープにしてかければ、香ばしさも存分に味わえる。仕上げに自家製の猪のラルドをスライスしてのせた。筍の熱でラルドがとろけ、脂の甘い香りが香ばしさをいっそう引き立たせてくれる。

Champagne pairing

ゴセット　2006年ヴィンテージ

マロラクティック発酵（乳酸菌を添加し、発酵を促すこと）を行わず、発酵が穏やかに進むのが特徴のシャンパーニュ。ヴィンテージで熟成が進んでおり、ふくよかな香りがあるので筍の甘味と相性がよい。それだけでなく、ぶどうの青い酸味はいまだに残っているので、タルタルの菜の花やグリンピースなど、青い野菜にもよくマッチする。

猪肉の脂身を有効活用し、冬の間に仕込んでおいたラルド。スパイスをまぶし、2か月かけて熟成させてある。

［作り方は141ページ］

フォアグラ　マーガオ　アーティチョーク

スパイスと苦味で軽く

甘味と好相性のフォアグラに、あえて苦味とスパイスをきかせたアーティチョークを合わせた。これまでのフォアグラ料理の固定概念を覆すほど軽く爽やかな味わいで、フォアグラ嫌いな人にこそ味わってほしい一皿だ。

アーティチョークはさっと焼いたらウィスキーでうま味を煮溶かし、少量のフォン・ブランで蒸し煮する。野菜の火入れでは真空調理で味を閉じ込めることが多い加瀬シェフだが、この場合はあえて風味をソースに溶け出させ、ほろ苦さををフォアグラにまとわせる。

豆苗もポイントのひとつ。油脂分の多いフォアグラに合わせるので、油は使わずにさっと炒めて香りを出し、シャキシャキとした歯応えを残す。さらに、上面に盛りつけることで、大多数の人はフォアグラよりも豆苗から先に食べはじめる。わざと青っぽい香りと苦味の強いものから食べてもらうことで、フォアグラの濃厚さを中和するのが狙いだ。

台湾の香辛料「マーガオ」。レモングラスに似た爽やかな香りと、やさしい辛味が特徴。

焼いたアーティチョークをグリーンオリーブとマーガオと一緒にフォン・ブランで蒸し煮する。南仏のレシピをベースに、マーガオを加え、エスニックな風味を持たせてある。

Champagne pairing

G.H. マム　コルドン ルージュ 1970～80年ヴィンテージ

熟成が進んで樽香がつき、シェリー酒を思わせる風味に変化したヴィンテージもの。中華料理に近い味つけだけに、紹興酒をイメージして選んだ。フォアグラと相性のよい「甘味」の要素を、料理ではなく、シャンパーニュで補う。

甘味はシャンパーニュで補う

[作り方は142ページ]　103

金目鯛の鱗焼き

皮の薄さを生かした鱗焼き

1　皮の表面に水とオリーブ油を塗り重ねる。

2　サラマンダーの熱で、表面に塗った水分が蒸発し、鱗の立ち上がりがよくなる。

3　仕上げに皮面だけを揚げ焼きし、サクサクとした軽い食感を作る。

　金目鯛は皮が薄い上に水分が多く、どんなに表面をパリッと焼き上げても、身の水分を吸ってすぐにしんなりしてしまう。そこで、鱗が薄いという利点を生かし、鱗ごと松笠焼きにして、さっくりとした皮面の食感を実現させる。松笠焼きでよく使われる甘鯛に比べると、皮も鱗も薄く、甘鯛よりもずっと軽やか。ほどよく脂がのっているので、口溶けのよさも同時に味わえる。金目鯛のデメリットをメリットに転換させる発想だ。

　焼き方も独特で、皮面に水をていねいに塗り、その上からオリーブ油を塗って、サラマンダーに入れる。こうすることで、熱で水分が蒸発しようと油の下で膨張し、その力に押されて鱗がしっかり立ち上がってくる。鱗が十分逆立ったら、あとはフライパンで皮面を揚げ焼いてカリカリに仕上げ、半生に火入れした身とのコントラストをきかせる。

水分と油分の反発を利用

ポテンティア

ブルゴーニュ地方の日本人醸造家が手がけた珍しいシャンパーニュ。シャンパーニュ地方のピノノワールを100％使い、ブルゴーニュの樽で熟成させてある。樽香がよく、泡もしっかり力強いので、金目鯛の濃厚なうま味に合致する。

［作り方は143ページ］　105

和牛頬　赤ワイン

ゼラチン質を内部にとどめる

火入れ後の頬肉。ゼラチン質が溶け出さずに肉の内部にとどまっているのが分かる。

とろけるほど柔らかい牛頬肉の赤ワイン煮を、しっとりジューシーに仕上げたローストビーフで巻いた。煮込みとローストを一皿に盛り込み、牛肉のおいしさを多角的に味わえるよう考案された料理だ。

牛肉のおいしさだけを凝縮し、より軽やかに仕上げるべく、赤ワイン煮込みは作り方をいちから見直した。香味野菜は一切加えず、一般的に行われるマリネやリソレ（表面を焼き固める工程）も行わない。かわりに、アルコールを飛ばした赤ワイン、ダークラムと一緒に真空にかけ、2〜3時間ボイルする。圧力がかかって肉の繊維が柔らかくなるだけでなく、煮汁の対流による煮崩れも防げ、ゼラチン質が肉内部にとどまりやすく、口溶けよく仕上がる。煮汁も、野菜の甘味がなく、ゼラチン質も溶け出しすぎないので、ソースにキレが出る。

仕上げに頬肉の表面を焼き、煮詰めた煮汁の中に戻すと、スポンジのように肉汁をしっかり吸い上げ、一体感ある味わいになる。

頬肉のかたまりをかめのこ（内ももの中でも希少部位）のローストビーフで覆い、一緒に食べて味わいの違いを楽しんでもらう。

煮込みとローストを一緒に味わう

Champagne pairing

ジャン・ヴェッセル　ブリュット　ロゼ・ドゥ・セニエ

血のような色合いのロゼ。ぶどうの皮をアンフュゼして作るため、赤ワインに近い渋みがあるのが特徴。高めの温度で大きなグラスに注げば、より赤ワインに近い風味が強くなる。まろやかながら、酸もほどよくあり、キレのよい肉料理に好相性。

［作り方は143ページ］　107

フロランタン

Champagne pairing

**ドラピエ・ラタフィア・
ド・シャンパーニュ**

ラタフィア・ド・シャンパーニュ（シャンパーニュ地方の未発酵ぶどう果汁にマールを加えて樽発酵させたVDL酒精強化ワイン）は、本来は農家の人々が自家用に仕込むカジュアルなお酒だが、アールグレイと、コーヒーやカカオのような香りを併せ持ったこちらは、香りの共通項が多いデザートに最適。

舌触りの変化で生地のおいしさを高める

　サクサクの生地とヌガーを重ねた「フロランタン」は、生地の食感の違いを楽しむ菓子。このおいしさをレストランのデザートらしく、温冷をきかせて再構築した。

　パート・シュクレは焼きたての状態ですぐに温かいキャラメルソースを塗り、紅茶のアイスクリームをサンドする。生地の熱でアイスクリームが溶け、徐々に味わいが変わってゆく。

　アイスクリームの中にもパート・シュクレを混ぜこみ、パコジェットで粉砕。生地の舌触りと香ばしさをアイスクリームにも加えることで、生地のおいしさを味わうフロランタンならではの魅力を深めている。

焼き上げたパート・シュクレにキャラメルソースを塗り、ローストしたナッツを散らす。素早く作業を進め、パティスリーでは味わえない温かい生地のおいしさを提供。

1　アイスクリームにパート・シュクレを入れ、パコジェットで一緒に粉砕する。冷たく粒状の生地は、温かい生地とは対照的な味わい。

2　ローストしたナッツやレーズンもアイスクリームにあえる。

[作り方は142ページ]

取材にご協力いただいた
シェフとお店の紹介

Hideo Yamamoto

Yujiro Takahashi

Kentaro Suzuki

Philippe Mille

Hiroki Fukaya

Fumiya Kase

山本英男
Hideo Yamamoto

1980年東京都出身。学生時代に訪れたフランス料理店で、料理のおいしさと心づくしのサービスに感銘を受け、その場で料理人になることを決意。22歳で松濤「シェ・松尾 青山サロン」に入店し、2年半修業したのち、都内と神奈川県内のレストラン数軒でさらに研鑽を積む。28歳で恵比寿「ビストロ 間」の立ち上げに参加し、オープン2年目でシェフに抜擢。創造性の高い料理で一躍脚光を浴びる。2015年、「レストラン エール」のオープンにさいし、シェフに就任。

レストランエール
東京都中央区銀座5-7-10
EXIT MELSA 8F
☎03-6264-5900

鈴木健太郎
Kentaro Suzuki

1981年神奈川県生まれ。専門学校卒業後、都内のフランス料理店に勤務したのち2009年「ひらまつ」に入社。「サンス・エ・サヴール」では、スーシェフとして、ジャック&ローラン・プルセル兄弟の片腕を務める。2016年に「アイコニック」のシェフに抜擢。日本人ならではのテロワールを追求した料理が注目を集める。19年6月から、活躍の場を「アルジェント」に移す。

アルジェント
東京都中央区銀座3-3-1
ZOE銀座8F、9F
☎03-5524-1270

深谷博輝
Hiroki Fukaya

1984年生まれ、茨城県出身。調理師学校を卒業後、銀座レカンで4年間の修業を積む。2009年に渡仏し、パリ「ズ・キッチン・ギャルリー」で研鑽を重ね、帰国後は「ビストロ・ボンファム」、「カンテサンス」で計6年活躍。17年に独立開店し、18年にはミシュラン1つ星を獲得。クラシック、ビストロ、コンテンポラリーと各業態のフランス料理店で得た知識を再解釈、再構築し、独自の「答え」を料理にぶつけている。

アルゴリズム
東京都港区白金6-5-3
さくら白金102
☎03-6277-2199

髙橋雄二郎
Yujiro Takahashi

1977年生まれ、福岡県出身。大学、中村調理師学校を卒業後、表参道「ビストロ・ダルブル」で谷口哲也氏に師事。26歳で渡仏し、パリ3つ星「ルドワイヤン」、「ビストロ・ラミジャン」などで3年間研鑽を積む。2007年に帰国し、丸の内「オーグドゥジュール ヌーヴェルエール」のスーシェフ、「ル・ジュー・ドゥ・ラシエット」のシェフを経て、2015年に独立。オープンからわずか半年でミシュランの1つ星を獲得。ロシアで特別ディナーを開催するなど、活躍の場を世界に広げている。

ル・スプートニク
東京都港区六本木7-9-9
リッモーネ六本木1F
☎03-6434-7080

フィリップ・ミル
Philippe Mille

1974年生まれ、フランス・ルマン出身。14歳で地元の調理師学校に入学し、休日にはレストランで修業を積む。ベルサイユ郊外の名店「オーベルガード」でジャン・ボルティエ氏に師事。「ラ・セール」「ホテル・ムーリス」など、パリの名門レストランでの修業を経て、2009年ボキューズ・ドール国際料理コンクールで3位入賞を果たす。翌年、「レ・クレイエール」のシャトー・レストラン「ル・パルク」とブラッスリー「ル・ジャルダン」の総料理長に就任し、わずか2年で2つ星を獲得。2011年に若干38歳にしてM.O.F（国家最優秀職人賞）の称号を授与。

フィリップ・ミル 東京
東京都港区赤坂9-7-4
東京ミッドタウン ガーデンテラス4F
☎03-5413-3282

加瀬史也
Fumiya Kase

1985年生まれ、東京都出身。大学時代に飲食店でアルバイトをしたのをきっかけに料理に目覚め、大学を中退し、恵比寿「レストランヒロミチ」に入店。2年間の修業後に渡仏し、アキテーヌ地方「レ・プレ・ドゥジェニー」、シャンパーニュ地方「レ・クレイエール」で研鑽を積む。帰国後「カンテサンス」でさらに経験を積み、2016年に独立。オープンから1年を待たずして、ミシュランの1つ星を獲得。

オルグイユ
東京都港区南青山4-3-23
オリエンタル南青山201
☎03-6804-5942

カラーページで紹介した料理の作り方

❋ レストラン エール

六味のスープ

カラー写真は006ページ

材料（約35人前）

酸味ゼリー
┌ トマト ……………………………… 3kg
│ 海塩 …………………………………… 適宜
└ 板ゼラチン …………………………… 10.8g

甘味ゼリー
┌ 和三盆 ……………………………… 162g
│ 水 …………………………………… 350g
└ 板ゼラチン …………………………… 10.8g

塩味ゼリー
┌ 海塩 ………………………………… 105g
│ 水 …………………………………… 350g
└ 板ゼラチン …………………………… 17.5g

苦味ゼリー
┌ ビールホップ ………………………… 14g
│ 水 …………………………………… 360g
└ 板ゼラチン …………………………… 10.8g

辛味ゼリー
┌ 黒こしょう …………………………… 8g
│ 水 …………………………………… 510g
└ 板ゼラチン …………………………… 10.8g

うま味ゼリー
┌ 昆布 ………………………………… 12g
│ 水 …………………………………… 1ℓ
│ 鰹節 ………………………………… 30g
│ 干し椎茸 …………………………… 68g
│ 水 …………………………………… 3ℓ
│ 自家製鴨節 ………………………… 200g
└ 板ゼラチン …………………………… 10.8g
秦野のわき水 …………………………… 適宜

作り方

酸味ゼリー
1 トマトは湯むきして種を取り除き、1cm角に切る。
2 ボウルに入れて海塩をあえ、一晩かけて布漉しする。絞らずに、自重で自然と液体を落とすこと。
3 出来上がったトマトコンソメを350gになるまで煮詰め、水で戻したゼラチンを加えて溶かす。15cm×21.5cmのバットに流し、冷やし固める。

甘味ゼリー
1 和三盆と水を鍋に入れて温め、和三盆を溶かす。
2 水で戻したゼラチンを加えて溶かし、15cm×21.5cmのバットに流し、冷やし固める。

塩味ゼリー
1 海塩と水を鍋に入れて温め、海塩を溶かす。
2 水で戻したゼラチンを加えて溶かし、15cm×21.5cmのバットに流し、冷やし固める。

苦味ゼリー
1 ティーポットにビールホップを入れ、沸騰した湯を注いで4分蒸らす。
2 漉した液体を鍋に入れて温め、水で戻したゼラチンを加えて溶かし、15cm×21.5cmのバットに流し、冷やし固める。

辛味ゼリー
1 沸騰した湯に黒こしょうをミルで挽いて加え、350gになるまで煮詰める。
2 紙漉しして鍋に移し、水で戻したゼラチンを加えて溶かし、15cm×21.5cmのバットに流し、冷やし固める。

うま味ゼリー
1 鍋に昆布と水1ℓを入れ、30分水出しする。
2 中火にかけ、沸騰直前で昆布を取り出し、鰹節を加える。アクを取り除き、紙漉しする。
3 干し椎茸を3ℓの水で戻し、鍋に入れ、鴨節を削り入れる。
4 中火で味が出るまで煮立たせ、紙漉しする。
5 2の液体780gと、4の液体975gを混ぜ合わせ、350gまで煮詰める。
6 水で戻したゼラチンを加えて溶かし、15cm×21.5cmのバットに流し、冷やし固める。

仕上げ
1 6種のゼリーをそれぞれ直径1.7cmの型で抜き、グラスに並べる。
2 秦野のわき水を沸騰させ、客席でグラスに注いでゼリーを溶かす。

◇ 自家製鴨節 ◇

材料
鴨胸肉 …………… 約200g
甘酒 ……………… 200g
塩 ………………… 17g
桜チップ ………… 40g
グラニュー糖 …… 25g

作り方
❶ 鴨肉は皮を取り除き、塩を加えた甘酒に3日間漬ける。
❷ フライパンに桜チップとグラニュー糖を入れて網をのせ、火をつけて煙が出たら、水気を拭き取った鴨肉を網にのせて蓋をし、燻製にかける。
❸ 表面を乾かしたら、冷蔵庫の風が当たるところにおいて2か月熟成させる。

クロスモダリティ

カラー写真は008ページ

材料（約7人前）

フォアグラのコンフィ
（このうち60gのみ使用）
- 鴨フォアグラ ················· 600g
- 白こしょう ················· 0.3g
- 塩 ····························· 1g
- ルビーポルト酒 ············· 15g
- 鵞鳥脂 ····················· 適宜

甘酒麹味噌（このうち58gのみ使用）
- 麹味噌 ····················· 300g
- グラニュー糖 ··············· 65g
- 甘酒 ······················· 220g
- 塩 ··························· 5g
- レモン汁 ··················· 少々

シャドークイーンのチップス
- 紫いも（シャドークイーン）········· 1個
- 水 ························· 750g
- 塩 ························· 少々
- タピオカスターチ ··········· 9g
- サラダ油 ··················· 適宜

ポム・リヨネーズ
- ベーコン ··················· 10g
- ピュア・オリーブ油 ··········· 3g
- 赤玉ねぎ ··················· 50g
- 塩 ························· 適宜
- 紫いも（シャドークイーン、ゆでたもの）
  ························· 150g
- 無塩バター ················· 適宜
- 白こしょう ················· 0.1g

付け合わせ
- 水ダコ ····················· 60g
- 白ワイン、水 ··············· 各適宜
- ローリエ ··················· 1枚
- 塩、白こしょう ············· 各適宜
- エクストラバージン・オリーブ油
  ························· 適宜
- 紫いも（シャドークイーン）········· 30g
- うずらの卵黄 ··············· 7個
- ゲランドの塩 ··············· 適宜
- トリュフ（できれば黒トリュフ）···· 適宜
- エディブルフラワー（トレニア、ビオラ、ナデシコ、ボリジ）··········· 適宜
- レモンのドレッシング ········· 適宜

＊レモンのドレッシングは、レモン汁に蜂蜜とオリーブ油を合わせて塩、白こしょうで味を調えたもの。

作り方

フォアグラのコンフィ
1 フォアグラは太い血管のみ取り除き、塩、こしょうをふり、9時間なじませる。
2 密封袋に1とポルト酒を入れ、一晩マリネする。
3 フォアグラを深いポットに入れ、90℃に温めた鵞鳥脂を全体が浸かるように注ぐ。
4 ガス台の上などの温かいところで保温し、フォアグラの芯温を42℃まで温める。脂につけたまま冷やす。

フォアグラの味噌漬け
1 甘酒麹味噌の材料をよく混ぜ合わせる。
2 フォアグラのコンフィを取り出して脂をぬぐい、60gに切り分ける。全面に1を塗り、12時間マリネする。

シャドークイーンのチップス
1 紫いもをよく洗って皮をむき、2cm角に切る。皮はネットに入れる。
2 鍋に水と塩ひとつまみ、いも、皮を入れて中火にかけ、沸騰したらアクをていねいに取り除く。
3 弱火にし、煮崩れないように8〜10分ゆでる。
4 いもを取り出し、ゆで汁はシノワで漉す。いもはポム・リヨネーズに使用し、チップスではゆで汁を使う。ゆで汁は冷凍する。
5 ゆで汁を解凍し、そこから100g使う。鍋に入れ、塩0.3g、タピオカスターチを加えて中火にかける。
6 泡立て器で混ぜて濃度をつける。
7 沸騰し、しっかり濃度がついたらシルパットの上に薄く平らに伸ばす。
8 60℃のディッシュウォーマーで乾燥させる。
9 よく乾いたらシルパットから自然にはがれるので、適度な大きさに割り、130℃に熱した油にくぐらせて透明にする。よく油を切る。

ポム・リヨネーズ
1 ベーコンを1mmの細切りにし、オリーブ油を入れた鍋で弱火で炒める。
2 ベーコンから脂が出てきたら、薄切りにした赤玉ねぎ、塩1gを加え、水分が飛んで甘味が出るまで炒める。
3 別のフライパンにバターを入れ、2cm角に切ったいもを加えてさっと炒め、塩、こしょうをふり、2を加えてさっと炒める。

付け合わせ
1 水ダコは白ワインと水を1:4の割合で合わせた液体でローリエと一緒にさっとゆでる。
2 吸盤の大きさに合わせて切り分け、塩、こしょう、オリーブ油で味つける。
3 いもは6cm長さの細切りにし、30秒ゆでる。水気を切り、塩、こしょう、エクストラバージン・オリーブ油で味つけてサラダを作る。
4 うずらの卵は殻ごと冷凍し、取り出して卵白を取り除く。
5 皿にポム・リヨネーズを盛り、うずらの卵黄を真ん中にのせ、ゲランドの塩をふる。
6 まわりに水ダコをのせ、フォアグラの味噌漬けを薄切りにしてのせる。
7 シャドークイーンのサラダをのせ、エディブルフラワーを飾り、レモンのドレッシングをかける。
8 シャドークイーンのチップスをかぶせる。

骨伝導

カラー写真は010ページ

材料（約3人前）

穴子の詰めのベース
（出来上がりは約1.6ℓ）
┌ 蜂蜜 ······································ 180g
│ 白バルサミコ酢 ····················· 適宜
│ 赤ポルト酒 ···························· 150g
│ マデラ酒 ······························ 300g
│ マルサラワイン ······················ 350g
└ フォン・ド・ヴォー ···················· 2ℓ

穴子の詰め（出来上がりは約450g）
┌ 穴子の詰めのベース ················ 530g
│ 穴子の頭と骨 ························· 150g
└ 木の芽 ······························· 少々

穴子の佃煮
┌ 穴子（おろし身） ······················ 50g
│ ブルゴーニュバター ··················· 6g
│ たまり醤油 ····························· 3g
│ グラニュー糖 ·························· 3g
└ 穴子の詰め ··························· 10g

穴子の骨せんべい
┌ 穴子の骨 ···························· 3尾分
│ サラダ油、塩、穴子の詰め ···· 各適宜
┌ 花山椒 ······························· 適宜
│ 花穂 ································· 15本分
└ 木の芽の葉先 ······················ 18枚分

＊ブルゴーニュバターは、ポマード状にしたバターにパセリの葉とにんにくのみじん切り、塩を混ぜ合わせて冷やし固めたもの。

作り方

穴子の詰め
1 ベースを作る。蜂蜜を濃いきつね色になるまでキャラメリゼし、白バルサミコ酢を加えて色止めする。
2 酒類をすべて加え、水分がなくなって照りが出てくるまで煮詰める。
3 フォン・ド・ヴォーを加え、1.6ℓになるまで煮詰める。このうち530gを使用する。
4 穴子をさばき、頭と骨をきれいに洗い流し、ゆでこぼして臭みを取り除く。
5 頭と骨を炭火で焼いて色づけ、炭の香りを移す。
6 **3**に**5**を入れて煮出し、風味を移す。シノワで漉し、木の芽を加えて香りを移し、シノワで漉す。

穴子の佃煮
1 穴子をさばき、身と骨に分ける。骨はせんべい用に取っておく。
2 身を炭火で両面が色づくまで焼き、1mm角に細かく刻む。

3 フライパンにブルゴーニュバターを入れ、穴子を炒めて水分を飛ばす。
4 たまり醤油、グラニュー糖、穴子の詰めを加えてからめ、味を調える。

穴子の骨せんべい
1 穴子の佃煮で取り分けた骨をよく洗い流し、竹串を刺してS字形に整える。
2 130〜150℃のサラダ油に入れ、中までカリカリになるようにじっくり揚げる。
3 油を切ったら、熱いうちに竹串をまわしながら抜き、塩をふる。
4 骨の⅔に穴子の詰めを刷毛で塗り、炭火で表面を乾かし、照りが出るまで焼き上げる。
5 詰めを塗ったうちの半分に穴子の佃煮25gを張りつけ、花山椒ふたつまみ、花穂、木の芽をつける。
6 竹串を抜いて細い枝に骨せんべいをかけ、木の器に枝を刺して仕上げる。

130℃

カラー写真は018ページ

材料（約6人前）

カルメ焼き
┌ 上白糖 ································· 40g
│ 水 ···································· 10g
│ カカオマス（細かく刻む） ············ 1g
└ 重曹卵 ································· 1g

パティシエール・カカオ
（出来上がりは約25人前）
┌ 牛乳 ································· 145g
│ 47％生クリーム ······················ 45g
│ 卵黄 ································· 20g
│ トレハロース ·························· 25g
│ コーンスターチ ························ 8g
│ 薄力粉 ································· 5g
│ カカオマス（細かく刻む） ············ 35g
└ フルール・ド・セル ··················· 1g

バナナの皮のフリット
┌ モンキーバナナ ······················ 1本
└ サラダ油、塩 ······················ 各適宜

＊重曹卵は、重曹5に対し、上白糖と卵白をそれぞれ1ずつ加えて混ぜ合わせたもの。

作り方

カルメ焼き
1 上白糖と水を鍋に入れ、125℃まで加熱する。
2 ぬらした布巾の上に鍋をおいて粗熱を取り、カカオマスを加えて溶かす。
3 小さめの泡立て器の先に重曹卵をつけ、しっかりと混ぜ合わせる。泡立て器が徐々に重くなってきたら、泡立て器をはずす。
4 数分おいておくと、全体にふくらんで表面が固くなってくるので、鍋底を火に当てて軽く温めて溶かし、鍋から取り出す。
5 5cm×3.5cmの長方形に切り分ける。

パティシエール・カカオ
1 牛乳と生クリームを沸騰直前まで温めておく。
2 卵黄、トレハロース、コーンスター

チ、薄力粉をボウルに入れて混ぜ合わせる。
3 **1**の半量を**2**に加えてよく混ぜ、シノワで漉して鍋に戻す。
4 強火にかけてホイッパーで混ぜ、わいたらボウルに移す。
5 熱いうちにカカオマスを加えてよく混ぜ合わせて溶かし、ラップを敷いたバットに流す。
6 ラップをかけて密着させ、粗熱が取れたら冷蔵庫で完全に冷やす。
7 ボウルに移し、フルール・ド・セルを加え、粒が溶け切らないようにさっと混ぜ合わせる。

バナナの皮のフリット
1 バナナはよく洗い、両端を切り落として縦に切り込みを入れ、皮をはずす。果肉は別で使う。
2 繊維を断つ方向で細切りにし、140

レトロネーザル

カラー写真は013ページ

材料（約5人前）

ヒグマのジャーキー風
```
醤油かす ························ 100g
もろみ ····························· 38g
蜂蜜 ································· 90g
赤ワイン ··························· 20g
にんにく（すりおろし）··········· 1.2g
塩 ······························· 20.5g
ヒグマロース肉 ··················· 100g
ピュア・オリーブ油 ············· 適宜
```

蜂蜜のクロッシュ
（出来上がりは直径11cmのドーム2個分）
```
水 ································· 200g
蜂蜜 ································· 18g
レモン汁 ··························· 10g
塩 ································· 1.2g
アガーアガー（SOSA社製）······· 4g
サラダ油 ······················· 適宜
```

蜂蜜キャラメルヴィネグレット
```
蜂蜜 ································· 20g
白ワインヴィネガー ··············· 22g
カラマンシーヴィネガー ··········· 49g
塩 ··································· 6g
白こしょう ······················· 0.2g
ピュア・オリーブ油 ············· 115g
```
```
筍の穂先 ··························· 30g
塩、白こしょう ················· 各適宜
ピュア・オリーブ油、サラダ油 … 各適宜
マルベリー、フランボワーズ … 各適宜
マイクロ野菜（水菜、アマランサス、レッド
ソレル、フェンネル、小麦若葉）····· 各適宜
```

作り方

ヒグマのジャーキー風
1 肉とオリーブ油以外のすべての材料をロボクープに入れて回し、ピュレ状にする。

2 1を60g取り、肉に塗って8時間マリネする。

3 肉の表面を拭き取り、60℃のピュア・オリーブ油で芯温が56℃になるまで1時間半ほどコンフィにする。

蜂蜜のクロッシュ
1 アガーアガーとサラダ油以外の材料をすべて混ぜ合わせて鍋に入れ、アガーを加える。中火にかけ、混ぜながら沸騰させる。

2 蜂の巣形のシリコン型をバットにのせ、1を流す。均等にならす。

3 半日ほど冷蔵庫の風が当たる場所で乾燥させる。

4 直径10cmのドーム型の外側にサラダ油を薄く塗り、クッキングシートをかぶせる。クッキングシートにもサラダ油を塗る。ドーム型はセルクルの上にのせて底を浮かせておく。

5 型からはずしたジュレを4のドーム型にふんわりかぶせ、100℃のコンベクションオーブンで2分温める。

6 熱でジュレが柔らかくなるので、よれた部分を直しながら、型に沿わせて張りつける。

7 110℃のスチームコンベクションに少し入れて水分を含ませる。

8 再度型に合わせて形を整える。この作業を何度かくり返し、美しいドーム形に整える。

9 クッキングシートをはがして、油を塗っていないシートに張りかえ、ジュレをのせる。60〜70℃の場所で完全に乾燥させる。

10 110℃のコンベクションオーブンでさっと焼く。

蜂蜜キャラメルヴィネグレット
1 蜂蜜を濃いきつね色になるまでキャラメリゼし、火を止めて白ワインヴィネガーを加えて蜂蜜を溶かし、色止めする。完全に冷やす。

2 カラマンシーヴィネガー、塩、白こしょうを加えて塩を溶かし、オリーブ油を少しずつ加えて乳化させる。

仕上げ
1 筍は米ぬかを入れた水でゆでてアク抜きし、ひと口大に切り分ける。

2 塩、白こしょうをふってオリーブ油を表面に塗り、グリルで焼き色をつける。

3 コンフィにしたヒグマロース肉はサラダ油を敷いたフライパンで表面に軽く焼き色をつけ、薄切りにする。

4 皿に肉と筍を交互に並べ、マルベリー、フランボワーズをのせ、蜂蜜キャラメルヴィネグレットをかける。

5 マイクロ野菜を盛りつけ、蜂蜜のクロッシュで蓋をする。

6 シナモンスティックをスモークガンに入れて火をつけ、蜂蜜のクロッシュの中に煙を流して閉じ込める。

℃の油で軽く色づく程度まで揚げる。

3 油を切って塩をまぶし、ガス台の上など温かいところで完全に乾燥させる。

仕上げ
1 カルメ焼きを液体窒素に浸す。

2 バナナの果肉は縦に3等分し、オーブンシートの上に並べる。

3 バラ口金をつけた絞り袋でパティシエール・カカオをバナナの上に絞り、200℃のオーブンで5分温める。

4 カルメ焼きを取り出し、3をのせ、バナナの皮を飾る。盛りつけから料理説明までを4分ですませると、カルメ焼きは−60℃、パティシエールは70℃になる計算。手のひらにのせて130℃の温度差を感じてもらう。

オルソネーザル

カラー写真は012ページ

材料（約6人前）

りんごのタタン
- りんご ……………………… 1個
- 無塩バター ……………… 20g
- グラニュー糖 …………… 18g

栗のピュレ
- 熟成和栗 ……………… 145g
- グラニュー糖 …………… 5g
- 塩 …………………………… 適宜
- 無塩バター ………………… 7g
- フォン・ド・ヴォライユ …… 130g
- 水 ………………………… 150g

栗のスープ
- 栗のピュレ ……………… 300g
- 牛乳 ……………………… 150g
- 塩 ………………………… 2.5g

ブーダンノワール（出来上がりは25cm×8cm、高さ7cmのテリーヌ型2本分）
- 豚背脂（ペースト状になるまで刻む）…………………………… 250g
- にんにく（みじん切り）……… 30g
- 玉ねぎ（みじん切り）……… 450g
- キャトルエピス ……………… 3g
- 塩 ………………………… 32g
- 白こしょう（粗く挽く）……… 3g
- ナツメグパウダー ………… 3g
- シナモンパウダー ………… 2g
- 38%生クリーム …………… 470g
- コーンスターチ …………… 30g
- 豚血 ………………………… 1ℓ
- シナモンスティック ………… 適宜
- パンデピスのディスク ……… 6枚
- 熟成和栗 ………………… 3個分
- エクストラバージン・オリーブ油 … 適宜

＊熟成和栗は、収穫後、温度と湿度を調節して半年ほど寝かせたもの。甘味が増すのが特徴。

作り方

りんごのタタン
1. りんごは芯をくり抜き、皮をむいて半分に切る。
2. よく冷やした鍋にバターを塗りつけ、半量のグラニュー糖を敷く。りんごを加え、残りのグラニュー糖を上からかける。
3. 火にかけ、下の砂糖が溶けたら蓋をして220℃のオーブンで6〜8分煮る。
4. りんごが柔らかくなったら取り出して火にかけ、砂糖がきつね色になるまで煮詰める。少量の水で色止めし、りんごにからめる。粗熱を取り、冷やす。

栗のピュレ
1. 鍋にバターを溶かし、皮をむいた栗を入れ、塩をふってバターをからめる。
2. グラニュー糖を加え、きつね色になるまでキャラメリゼする。
3. フォン・ド・ヴォライユを加え、木べらで鍋底のキャラメルを煮溶かし、水を加えて栗が柔らかくなるまで煮る。
4. ミキサーがまわる程度の煮汁と一緒にミキサーでピュレにし、タミで漉す。

栗のスープ
1. 栗のピュレを牛乳で伸ばし、塩で味を調え、冷やす。

ブーダンノワール
1. 鍋に背脂を入れて炒め、透き通ってきたらにんにくを加えて香りが出るまで炒める。
2. 玉ねぎを加え、水分が飛んで甘味が出るまでしっかり炒める。
3. スパイスをあらかじめ混ぜ合わせ、2に加え、香りが出るまでさらに炒める。
4. 生クリームを少量だけ別に分けてコーンスターチを溶いておく。残りは鍋に加え、沸騰したら火を止める。
5. 溶いたコーンスターチを加えて再度沸騰させ、火を止めて完全にさます。
6. 豚血を加えて中火にかけ、よく混ぜながら65℃まで温める。
7. すぐにアルミホイルを敷いたテリーヌ型に流して蓋をする。
8. 湯煎にかけ、中心温度が85℃になったら、そのまま5分おく。
9. 湯煎からはずし、氷水で型ごと急冷する。

仕上げ
1. ブーダンノワールを使うぶんだけタミで漉し、練って柔らかくする。クネル形に整え、スープ皿に盛る。
2. りんごのタタンは5mm程度の厚さにいちょう切りにし、皿に3片のせる。
3. シナモンスティックをスモークガンに入れて火をつけ、煙を皿の中に入れ、パンデピスのディスクで蓋をする。
4. 上から栗のスープを流し、熟成和栗を削って飾り、エクストラバージン・オリーブ油を数滴たらす。

⟨ パンデピスのディスク ⟩

材料（直径13.5cmのジェノワーズ型1台分）
- 全卵 …………………………… 50g
- トレハロース ………………… 40g
- 塩 ……………………………… 1.2g
- オレンジコンフィ（みじん切り）…… 50g
- 蜂蜜 …………………………… 60g
- ライ麦粉 ……………………… 65g
- 強力粉 ………………………… 32g
- シナモンパウダー …………… 2g
- アニスパウダー、クローブパウダー …… 各1g
- ナツメグパウダー、コリアンダーパウダー、カルダモンパウダー ………… 各0.5g
- ベーキングパウダー ………… 4g
- 牛乳 …………………………… 42g

作り方
❶ 全卵、トレハロース、塩を混ぜ合わせ、人肌程度まで温める。
❷ オレンジコンフィと蜂蜜を混ぜ合わせ、①に加えて混ぜる。
❸ 粉類はすべて合わせてふるい入れ、②に加えて粉っぽさがなくなるまで混ぜる。
❹ 牛乳を人肌程度まで温めて加え、よく混ぜ合わせる。
❺ 型の底と側面にオーブンシートを敷き込み、生地を流す。165℃のコンベクションオーブンで50分焼く。
❻ 型からはずし、完全にさめたら2mm厚さにスライスし、直径10.5mmの丸抜き型で抜く。
❼ バットで挟んで重しをのせ、120℃のオーブンで1〜2時間焼いて完全に乾燥させる。この作業で気泡をつぶして目を詰まらせ、強度を持たせるのが目的。

六味と六感

カラー写真は016ページ

材料（約4人前）

春菊のおひたし
春菊	30g
煎り酒	50g
生わさび	6g
塩	1g
グラニュー糖	0.8g

べったら漬け（出来上がりは約10人前）
大根	155g
塩	3.5g
グラニュー糖	3g
甘酒	50g
レモン汁	8g
ゆず皮	¼個分

牡蠣のマリネ
岩牡蠣	4個
サラダ油	適宜
にんにく（つぶす）	6g
カイエンヌペッパー（ホール）	0.6g
日本酒	39g
煎り酒	105g
ナンプラー	11g

シブレットオイル
ピュア・オリーブ油	300g
シブレット	140g
ワックスコンセプト	
（増粘剤・SOSA社製）	0.8g

豚肉の炭火焼き
豚フィレ肉	300g
塩	適宜

作り方

春菊のおひたし
1 春菊はさっとゆでる。
2 春菊以外の材料を混ぜ合わせ、1を浸し、3時間マリネする。

べったら漬け
1 大根は皮をむき、2mm厚さの薄切りにする。
2 塩、グラニュー糖をもみこみ、重石をして半日かけて水抜きする。
3 水気をよく切り、甘酒、レモン汁、ゆず皮を混ぜ合わせる。

牡蠣のマリネ
1 牡蠣を殻からはずして水分を拭き取る。
2 サラダ油を敷いた鍋ににんにくとカイエンヌペッパーを入れて炒め、香りが出たら牡蠣を加える。
3 日本酒を加え、牡蠣に軽く火が入ったところで、牡蠣とカイエンヌペッパーを取り出す。
4 残った液体に煎り酒、ナンプラーを加え、濃度がつくまで煮詰める。
5 牡蠣を戻して中心まで火を入れたら、煮汁ごとさまして味を含ませる。

シブレットオイル
1 オリーブ油を鍋で50℃まで温め、シブレットと一緒にミキサーで5分ほど回す。
2 シノワで漉してから紙漉しする。
3 オイル20gを取って65℃まで温め、ワックスコンセプトを溶かす。

仕上げ
1 豚肉は1.8cm厚さ、75gずつに切り分けて塩をふり、串に刺す。
2 白炭で一気に焼き上げる。炭との距離は1.5cmとごく近づけ、芯温が60℃程度になるように途中で2回ほど引っくり返しながら焼く。
3 牡蠣は、一度沸騰させた煮汁に浸けて温め直す。皿は70℃に温めておく。
4 豚肉は串をはずして皿に盛り、上に牡蠣、春菊のおひたしを順にのせる。
5 べったら漬けは3枚重ねて並べ、シブレットオイルをディスペンサーで上に絞って模様をつける。
6 4の上にべったら漬けをのせ、牡蠣の煮汁を皿に少量流す。ガラスの蓋をして供する。

≪ 甘酒 ≫

材料
自家製米麹	200g
米	1合
水	400g

作り方
❶ 研いだ米を180gの水で炊き、粗熱を取る。
❷ ①に残りの水と米麹を合わせ、60℃まで温める。
❸ 湿らせた布巾をかぶせ、上から蓋をし、60℃の保温器で6時間かけて発酵させる。

≪ 煎り酒 ≫

材料
日本酒	1ℓ
南高梅	10粒
鰹節	30g

作り方
❶ 日本酒と種を取った梅を火にかけ、アルコールを飛ばす。
❷ 鰹節を加え、弱火で30分煮出し、紙漉しする。

ル・スプートニク

熟成甘鯛 桃

カラー写真は022ページ

材料（約30人前）
甘鯛 ……………… 1尾（700〜800g）
ゲランドの塩 …………………… 適宜
ピュア・オリーブ油 ……………… 適宜
白桃 ………………………………… 1個
ライム皮 ………………………… 適宜
レッドマスタード ………………… 適宜
ルッコラの花 …………………… 適宜

作り方
甘鯛の熟成
1　甘鯛は頭と内臓を取り除き、耐水紙、ラップの順にくるみ、冷蔵庫で寝かせる。
2　毎日紙を取り替えながら、約1週間熟成させる。個体差が大きく、状態を見ながら最長で2週間寝かせることもある。
3　3枚におろし、塩を全体に強めにふり、30分おく。
4　塩をきれいに洗い流して水気を拭き取り、脱水シートで挟んで半日おく。

5　シートをはがし、少量のオリーブ油と一緒に真空にかけ、氷水に30分ほど浸ける。

仕上げ
1　甘鯛をごく薄く切り、ライムの皮を削る。
2　白桃は5mm厚さに切り、5mm幅×5cm長さほどの短冊切りにする。
3　白桃を甘鯛でくるみ、レッドマスタード、エディブルフラワーを飾る。

ミントチョコ ブリュレ

カラー写真は036ページ

材料（約15人前）
マスカルポーネのブリュレ
┌ マスカルポーネチーズ ………… 125g
│ クリームチーズ ………………… 50g
│ 卵黄 ……………………………… 110g
│ グラニュー糖 …………………… 45g
│ 牛乳 ……………………………… 95g
│ 48％生クリーム ………………… 175g
│ バニラビーンズ …… バニラ棒1本分
└ カソナード ……………………… 適宜
ミントクランブル
┌ 無塩バター ……………………… 50g
│ ミントの葉 ……………… 1パック分
│ 薄力粉 …………………………… 50g
└ アーモンドプードル …………… 50g
ミントチョコ
┌ ミント（茎つき）、卵白、粉糖 … 各適宜
└ カカオプードル ………………… 適宜
ミントアイスクリーム
┌ ミントの葉 ……………………… 100g
│ 牛乳 ……………………………… 500g
│ 48％生クリーム ………………… 200g
│ グラニュー糖 …………………… 50g
└ 水飴 ……………………………… 150g
レ・リボアイスクリーム
┌ 発酵乳 …………………………… 258g
│ 48％生クリーム ………………… 42g
│ グラニュー糖 …………………… 66g
│ ヨーグルト ……………………… 30g
└ レモン汁、蜂蜜 ……………… 各5g
ブルーベリー …………………… 適宜
オキサリス、エディブルフラワー
　（パンジー）…………………… 適宜

作り方
マスカルポーネのブリュレ
1　カソナード以外のすべての材料をミキサーにかけてなめらかにし、シノワで漉す。
2　皿に50〜60g流し、90℃のスチームコンベクションで20分程度かけて固める。器の熱伝導によって時間は変える。
3　カソナードをふってバーナーで焼き色をつける。

ミントクランブル
1　バターは常温に戻し、ロボクープにすべての材料を入れてそぼろ状になるまでまわす。
2　4mm厚さに伸ばし、170℃のオーブンで15分焼く。手で細かくほぐす。

ミントチョコ
1　水を入れた真空器にミントをさっと浸して水分を含ませ、葉に張りを出す。
2　卵白と粉糖を1:1の割合で混ぜ合わせてグラスロワイヤルを作る。
3　ミントをグラスロワイヤルにくぐらせ、カカオプードルをつける。
4　80℃のコンベクションオーブンで2時間乾燥させる。

ミントアイスクリーム
1　すべての材料を混ぜ合わせ、液体窒素をかけ、泡立て器でつぶして粒状にする。

レ・リボアイスクリーム
1　すべての材料を混ぜ合わせ、液体窒素をかけ、泡立て器でつぶして粒状にする。

仕上げ
1　マスカルポーネのブリュレの上にミントクランブルをふり、ブルーベリーを敷き詰める。
2　ミントチョコをちらし、オキサリスを敷き詰めてエディブルフラワーを飾る。
3　客席に運び、ミントアイスクリームとレ・リボアイスクリームを目の前でかけて仕上げる。

フォアグラ メレンゲ 蜜柑 根セロリ

カラー写真は024ページ

材料（約10人前）

イタリアンメレンゲ
- グラニュー糖 ・・・・・・・・・・・・・・・・・・ 135g
- 水 ・・・・・・・・・・・・・・・・・・・・・・・・・・・・ 44g
- 水飴 ・・・・・・・・・・・・・・・・・・・・・・・・・・ 25g
- 卵白 ・・・・・・・・・・・・・・・・・・・・・・・・・・ 120g

フォアグラのテリーヌ
（出来上がりは約400g）
- 鴨フォアグラ ・・・・・・・・・・・・・・・・・ 1個
- 塩 ・・・・・・・ フォアグラ重量の1.1％量
- グラニュー糖
  ・・・・・・・・・・ フォアグラ重量の0.6％量
- 白こしょう、ナツメグパウダー ・・ 各適宜
- 赤ポルト酒、コニャック ・・・・・ 各適宜

フォアグラのフラン
（出来上がりは約450g）
- 鴨フォアグラ ・・・・・・・・・・・・・・・・・ 250g
- 38％生クリーム ・・・・・・・・・・・・・・・ 125g
- 牛乳 ・・・・・・・・・・・・・・・・・・・・・・・・・・ 125g
- 全卵 ・・・・・・・・・・・・・・・・・・・・・・・・・・ 1個
- 塩、白こしょう ・・・・・・・・・・・・・ 各適宜
- 赤ポルト酒 ・・・・・・・・・・・・・・・・・・・・ 5g

フォン・ド・マルジョレーヌ
（出来上がりは天板1枚分）
- 卵白 ・・・・・・・・・・・・・・・・・・・・・・・・・・ 205g
- グラニュー糖 ・・・・・・・・・・・・・・・・・ 104g
- ヘーゼルナッツパウダー ・・・・・・・ 45g
- ココナッツパウダー ・・・・・・・・・・・ 40g
- アーモンドパウダー ・・・・・・・・・・・ 80g
- 粉糖 ・・・・・・・・・・・・・・・・・・・・・・・・・・ 104g

みかんとオレンジのクーリー
- オレンジ ・・・・・・・・・・・・・・・・・・・・・ 2個
- みかん ・・・・・・・・・・・・・・・・・・・・・・・ 3個
- ボーメ30°シロップ ・・・・・・・・・・・・ 適宜
- レモン汁 ・・・・・・・・・・・・・・・・・・・・・ 適宜
- グランマニエ ・・・・・・・・・・・・・・・・・ 適宜

根セロリのピュレ
（出来上がりは約250g）
- 根セロリ ・・・・・・・・・・・・・・・・・・・・・ 200g
- フルール・ド・セル ・・・・・・・・・・・ 適宜
- ピュア・オリーブ油 ・・・・・・・・・・・ 適宜
- 白ワイン ・・・・・・・・・・・・・・・・・・・・・ 適宜
- 牛乳、水 ・・・・・・・・・・・・・・・・・・・ 各適宜
- 38％生クリーム ・・・・・・・・・・・・・・・ 50g
- 板ゼラチン（水で戻しておく）
  ・・・・・・・・・・・・・・・・・ 全体量の1.1％
- 塩 ・・・・・・・・・・・・・・・・・・・・・・・・・・・ 適宜

みかんのチュイル
- みかん ・・・・・・・・・・・・・・・・・・・・・・・ 3個
- ボーメ30°シロップ ・・・・・・・・・・・・ 適宜
- クリームチーズ ・・・・・・・・・・・・・・・ 適宜

作り方

イタリアンメレンゲ

1　卵白以外の材料を鍋に入れて121℃まで煮詰めてシロップを作る。

2　卵白を泡立てながら、煮詰めたシロップを少しずつたらして加え、つややかで角が立つほどしっかりとしたメレンゲに仕上げる。

3　10cm×5cmに切ったオーブンペーパーの上にメレンゲを2〜3mm厚さに伸ばし、70℃のオーブンで30分ほど焼く。

4　ある程度固まってきたら取り出し、直径2.5cmのシガール型にペーパーごと巻きつける。さらに2時間オーブンで焼く。

フォアグラのテリーヌ

1　フォアグラは太い血管を取り除き、塩、グラニュー糖、白こしょう、ナツメグパウダーをふる。ポルト酒、コニャックをふり、一晩マリネする。

2　70℃のコンベクションオーブンで芯温が38℃になるまで加熱する。

3　油を切ってテリーヌ型に詰めて重しをし、冷やす。

フォアグラのフラン

1　フォアグラは血管をしっかり取り除き、生クリームと牛乳は合わせて沸騰直前まで温めておく。

2　生クリームと牛乳以外の材料をミキサーでなめらかになるまで回し、生クリームと牛乳を少しずつ加えてよく混ぜ合わせる。

3　シノワで漉し、90℃のスチームコンベクションで10〜15分蒸す。

フォン・ド・マルジョレーヌ

1　卵白にグラニュー糖を少しずつ加えて泡立て、しっかり固いフレンチメレンゲを作る。

2　残りの材料を1にふるい入れてさっくり混ぜ合わせる。

3　オーブンシートを敷いた天板の上に7mm厚さに伸ばし、150℃のコンベクションオーブンで7〜8分焼く。

4　100℃に落とし、1時間乾燥焼きにする。

みかんとオレンジのクーリー

1　オレンジはよく洗って7回ゆでこぼし、種とへたを取ってざく切りにする。みかんはよく洗ってざく切りにする。

2　鍋に入れ、かぶる程度のシロップを加え、1時間ほど煮る。

3　ミキサーでピュレ状にし、レモン汁とグランマニエで味を調える。

根セロリのピュレ

1　根セロリは皮をむいて1cm角に切り、キャセロールに入れてフルール・ド・セル、オリーブ油をかけ、蓋をして柔らかくなるまで煮る。

2　白ワインを少量入れてアルコールを飛ばし、牛乳と水をひたひたになるまで半量ずつ加え、ミキサーが回る程度の水分量まで煮詰める。

3　ミキサーでなめらかなピュレ状にし、冷やす。

4　6分立てにした生クリームの一部を取って溶かしたゼラチンを混ぜ、クリームに戻す。

5　ピュレに4を加えて混ぜ合わせ、塩で味を調える。

みかんのチュイル

1　みかんを皮ごとごく薄くスライスし、シロップを刷毛で両面に薄く塗る。

2　66℃のコンベクションオーブンで一晩乾かす。

仕上げ

1　皿の上にメレンゲを3つのせる。フォン・ド・マルジョレーヌを手でほぐし、メレンゲの中に薄く敷く。

2　フォアグラのテリーヌ、クリームチーズ、フォアグラのフラン、みかんとオレンジのクーリーをそれぞれ絞り袋に入れて順番にメレンゲの中に絞る。

3　根セロリのピュレを絞り袋でメレンゲの一番上まで絞り入れて蓋をする。

4　みかんのチュイルを上面にのせ、皿にみかんとオレンジのクーリーを点描する。

海老 茄子

カラー写真は026ページ

材料

甘海老のコンソメジュレ（約20人前）
- 甘海老（冷凍する）……………300g
- 水………………………………適宜
- トマト（ひと口大）…………⅓個
- にんにく………………………¼株
- エストラゴン、セルフィユ、
  ディルの茎……………………各少々
- 塩、粗く砕いた黒粒こしょう
  ……………………………………適宜
- 板ゼラチン（水で戻す）
  ……………………………液体の1.4％量

なすのムース
- なす……………………………6本
- サラダ油………………………適宜
- 玉ねぎ（薄切り）……………½個
- 塩………………………………適宜
- ピュア・オリーブ油…………適宜
- 白ワイン………………………適宜
- フォン・ド・ヴォライユ………60g
- 水、塩、白こしょう…………各適宜
- 38％生クリーム……ピュレの⅓～¼量
- 板ゼラチン（水で戻す）
  ……………………………全体の1.1％量
- オマール海老…………………4尾
- 塩、ライム皮、レモン皮………各適宜
- アマランサス…………………適宜
- エクストラバージン・オリーブ油…適宜

作り方

甘海老のコンソメジュレ
1. 甘海老は頭と胴体に分け、頭は200℃のオーブンで40分焼き、焼き色をつける。
2. 胴体は冷凍状態で鍋に入れ、全体がかぶる程度の水を注ぎ、頭とゼラチン以外の材料を入れて、弱火にかける。
3. 1時間かけてゆっくり沸騰させる。沸騰直前に頭を加え、アクをすくいながら、さらに1時間煮る。
4. 塩、こしょうで味を調え、シノワで漉す。
5. ゼラチンを加えて溶かし、冷やし固める。

なすのムース
1. なすは皮つきのまま串を刺し、170℃のサラダ油で素揚げする。
2. 油を切り、熱いうちに皮をむき、グリヤードで香ばしく焼き色をつける。
3. 玉ねぎに塩をふり、オリーブ油を敷いた鍋に入れて蓋をし、しんなりするまで蒸し煮にする。
4. ざく切りにしたなすを加え、水分が飛ぶまでよく炒める。
5. 白ワインを加えてアルコールを飛ばし、フォン・ド・ヴォライユを加え、ひたひた量の水を注ぐ。
6. ミキサーが回る程度の水分量まで煮詰める。
7. ミキサーでピュレ状にし、塩、こしょうで味を調える。
8. 生クリームを7分立てにし、一部を取って溶かしたゼラチンに混ぜ、クリームに戻す。
9. ピュレに8を加えて混ぜ合わせ、塩、こしょうで味を調える。

仕上げ
1. オマール海老は沸騰した湯で30秒ゆで、殻をはずして身を取り出し、2.5cm厚さに切り分ける。軽く塩をふり、ライムとレモンの皮を削る。
2. 皿にコンソメジュレを敷き、オマール海老を並べる。なすのピュレをクネル形にしてのせる。
3. アマランサスをちらし、エクストラバージン・オリーブ油をふって仕上げる。

蝦夷鹿 シンシン ピオーネ

カラー写真は032ページ

材料（約2人前）
- 鹿シンタマ肉……………………140g
- ジュニパーベリー、黒粒こしょう…各適宜
- にんにく（薄切り）……………適宜
- ピュア・オリーブ油……………適宜
- ローズマリー……………………1枝
- ピオーネ…………………………1房
- シナモンの枝……………………適宜
- オキサリス………………………適宜
- 塩…………………………………適宜

作り方

鹿肉のグリル
1. 鹿肉は部位ごとにシンシン、トモサンカク、カメノコと部位ごとに切り分ける。カメノコは使わない。
2. ジュニパーベリーと黒粒こしょうを同割で混ぜてミルサーで粉にする。
3. 鹿肉に2をふり、にんにくと少量のオリーブ油と一緒に真空にかけ、一晩寝かせる。
4. 冷たいキャセロールにオリーブ油を多めに入れ、3とローズマリーを入れる。
5. 200℃のオーブンに1分入れ、取り出して引っくり返して5分休ませる。この作業を10回ほどくり返し、中心温度を50℃まで上げる。
6. 熱したグリヤードで焼き色をつけ、中心温度を57～60℃に上げる。

セミドライピオーネ
1. ピオーネは房つきのまま80℃のオーブンに8時間入れて乾かす。
2. 提供前に200℃のオーブンで温め、皮をふっくらとふくらませる。

仕上げ
1. ジュニパーベリーと黒粒こしょうを同割で混ぜてミルサーで粉にし、皿にふる。
2. 鹿肉を2等分してそれぞれ皿に盛りつけ、ピオーネを10粒程度の房に分けてのせる。
3. シナモンの枝を飾り、オキサリスをちらす。粗く砕いた黒粒こしょうを添え、肉に塩をふって仕上げる。

金目鯛 発酵 トマト

カラー写真は030ページ

材料（約2人前）

トマトの発酵液
- トマト ……………………… 適宜
- 塩 ……………………… トマトの1%量

シャンピニオンの発酵液
- シャンピニオン ……………… 適宜
- 塩 ……………… シャンピニオンの2%量

トマトのコンソメ（このうち200gを使用）
- トマト ……………………… 10個

発酵ソース
- バルサミコ酢 ………………… 40g
- 白身魚の出汁 ………………… 200g
- トマトの発酵液 ……………… 30g
- シャピニオンの発酵液 ………… 10g
- トマトのコンソメ …………… 40g
- ナヴェット油 ………………… 適宜

金目鯛のソテー
- 金目鯛 ……………………… 40g
- 塩、白こしょう ……………… 適宜
- ピュア・オリーブ油 ………… 適宜

わらびのエチュベ
- わらび ……………………… 40g
- 塩 ……………………… 適宜

フルーツトマトのコンフィ
- フルーツトマト ……………… 2個
- 塩、白こしょう …………… 各適宜
- グラニュー糖 ………………… 適宜
- コリアンダーシード ………… 適宜
- にんにく油、ピュア・オリーブ油 …………………… 各適宜
- 白髪ねぎ ……………………… 30g
- クローバーの葉 ……………… 適宜

作り方

トマトの発酵液
1. トマトと塩を真空袋に入れ、酸味が出るまで常温で2週間程度おく。
2. 紙漉しする。このうち30gを使用する。

シャンピニオンの発酵液
1. シャンピニオンと塩を真空袋に入れ、酸味が出るまで常温で2週間程度おく。
2. 紙漉しして1/10量まで煮詰める。このうち10gを使用する。

トマトのコンソメ
1. トマトをざく切りにしてミキサーにかけ、紙漉しする。絞らずに自然に落ちるのを待つこと。
2. 200gを取り、1/5量まで煮詰める。

発酵ソース
1. バルサミコ酢は1/10量まで煮詰め、白身魚の出汁は1/5量まで煮詰める。
2. トマトの発酵液、シャンピニオンの発酵液、トマトのコンソメ、1を味を見ながら混ぜ合わせる。
3. ナヴェット油を少々加えてよく混ぜ合わせる。

金目鯛のソテー
1. 金目鯛は内臓を取って2枚におろし、骨をつけたまま身をラップで包む。皮面は外気にさらした状態で、冷蔵庫で2日乾燥させる。
2. 骨をはずし、塩、こしょうをふり、オリーブ油を敷いたフライパンで皮面だけを焼きつける。身側は5秒だけ焼く。

わらびのエチュベ
1. わらびは灰を入れた湯に入れ、紙をかぶせて一晩アク抜きする。
2. よく洗って鍋に入れ、塩と少量の水を加えて蒸し煮する。水気を切る。

フルーツトマトのコンフィ
1. トマトは湯むきし、塩、こしょう、グラニュー糖、コリアンダーシードをまぶす。
2. 2種の油を全体にかけ、80℃のコンベクションオーブンで1時間蒸し焼きにする。

仕上げ
1. 白髪ねぎは水にさらして辛味を抜く。
2. 皿にわらび、フルーツトマトのコンフィ、白髪ねぎ、金目鯛のソテーを盛りつけ、ソースを流す。
3. クローバーを飾って仕上げる。

⟨ 白身魚の出汁 ⟩

材料（出来上がりは約3ℓ）
- 白身魚のアラ ………… 5kg
- トマト ……………… 1個
- にんにく ……………… ½株
- ベーコン ……………… 50g
- 水 …………………… 適宜

作り方
❶ アラはエラや背びれなどをすべてはずし、細かく切り分け、水で1時間程度さらして臭みを取り除く。
❷ トマトはざく切り、にんにくは横半分、ベーコンは2cm幅のバトン切りにし、鍋にすべての材料を入れる。
❸ 鍋にひたひた量の水を注いでごく弱火にし、1時間かけてゆっくり沸騰させる。
❹ アクと脂をすくいながら、さらに1時間煮込み、紙漉しする。

ピンクグレープフルーツ セルフィユ

カラー写真は034ページ

材料（約40人前）

ビスキュイ・ショコラ
アーモンド・プードル	125g
粉糖	60g
卵黄	125g
卵白	55g
卵白（メレンゲ用）	240g
グラニュー糖（メレンゲ用）	145g
薄力粉	105g
ココアパウダー	40g
無塩バター	50g

ミントムース
牛乳	135g
ミントの葉	12g
卵黄	155g
グラニュー糖	35g
板ゼラチン（水で戻す）	10g
ミントリキュール	13g
48％生クリーム	465g

ピンクグレープフルーツムース
ピンクグレープフルーツピュレ	410g
グラニュー糖	7g
レモン汁	40g
ジン	23g
食用色素（赤）	少々
板ゼラチン（水で戻す）	13g
卵白（メレンゲ用）	75g
水（メレンゲ用）	30g
グラニュー糖（メレンゲ用）	115g
48％生クリーム	152g

ピンクグレープフルーツジュレ
ピンクグレープフルーツピュレ（⅔量まで煮詰める）	500g
蜂蜜	55g
グラニュー糖	50g
レモン汁	10g
板ゼラチン（水で戻して溶かす）	全体量の1.1％
ベジタブルゼラチン	適宜

オパリーヌ
フォンダン	245g
トレハロース	125g
水飴	125g
食用色素（赤）	少々

セルフィユアイスクリーム
牛乳	500g
グラニュー糖	50g
セルフィユの葉	50g
48％生クリーム	200g
水飴	150g

セルフィユとフランボワーズのパウダー
セルフィユの葉	適宜
ほうれん草	適宜
フランボワーズ	適宜

セルフィユのグラスロワイヤル
花つきセルフィユ	適宜
卵白	適宜
粉糖	適宜
セルフィユのパウダー	適宜

クラックラン
水	25g
グラニュー糖	125g
アーモンドダイス	125g

ピンクグレープフルーツ果肉 …… 適宜

作り方

ビスキュイ・ショコラ
1　アーモンドプードル、粉糖、卵黄、卵白をミキサーでもったりするまでよく混ぜ合わせる。
2　卵白を泡立てながらグラニュー糖を少しずつ加え、しっかり固いメレンゲを作る。
3　2に薄力粉とココアパウダーをふるい入れ、泡をつぶさないようにさっくり合わせる。
4　1を加えてさっと混ぜ合わせ、溶かしたバターを加えて混ぜる。
5　7mm厚さに伸ばし、160℃のオーブンで15〜20分焼く。さめたら直径3.5cmのセルクルで抜く。

ミントムース
1　牛乳の半量とミントの葉をミキサーで回し、残りの牛乳と一緒に鍋に入れて沸騰直前まで温める。
2　卵黄とグラニュー糖を別のボウルですり混ぜる。
3　2に1を少量加えて混ぜ合わせ、鍋に戻して強火で炊き、アングレーズソースを作る。
4　ゼラチンを加えて溶かし、シノワで漉してバットに流し、ラップを上面に張りつけてさます。
5　ミントリキュールを加え、7分立てにした生クリームを混ぜ合わせる。バットに1cm厚さに流して冷凍する。

ピンクグレープフルーツムース
1　ピンクグレープフルーツピュレの一部を取って温め、グラニュー糖を加えて溶かし、溶かしたゼラチンを加えて、ピュレに戻す。
2　レモン汁とジン、色素を加え、氷水にあてながら、ミキサーでもったりするまでよく泡立てる。
3　別のボウルで卵白を泡立て、128℃まで温めたシロップを少しずつ加えながら、つややかなイタリアンメレンゲを作る。ここから95gを使う。
4　9分立てにした生クリームを一部取ってイタリアンメレンゲに加えて混ぜ合わせる。
5　2に残りの生クリームを加えて混ぜ合わせ、4を加えて合わせる。

ムースの組み立て
1　直径4cmのドーム形シリコン型にピンクグレープフルーツを半分の高さまで流し、2.5cm角に切ったミントムースを入れ、さらにピンクグレープフルーツを入れてパレットですり切る。冷凍する。
2　型からはずし、2個を張り合わせてボール形にする。

ピンクグレープフルーツジュレ
1　ベジタブルゼラチン以外の材料を混ぜ合わせ、直径4cmのドーム形シリコン型に5mm厚さに流して冷凍する。

2 ベジタブルゼラチンを溶かし、**1** を串に刺してくぐらせ、ゼラチンを固める。常温において中のジュレを溶かしておく。

オパリーヌ

1 色素以外の材料を中火でやや色づくまで煮詰める。

2 シルパットの上に流して完全に固め、ミキサーで色素と一緒にまわして粉にする。

3 自作の三日月型に茶漉しでふり、200℃のオーブンに5秒入れて溶かす。

4 型からはずし、熱いうちに軽くカーブさせ、さまして固める。

セルフィユアイスクリーム

1 牛乳とグラニュー糖を火にかけてグラニュー糖を溶かし、さます。

2 セルフィユの葉と**1**をミキサーにかけ、生クリームと水飴を加えてシノワで漉す。アイスクリームマシンにかけて、なめらかなアイスクリームを作る。

セルフィユとフランボワーズのパウダー

1 セルフィユの葉とほうれん草をゆで、1:1の割合で合わせてミキサーでピュレにする。

2 薄く伸ばし、66℃のコンベクションオーブンで一晩乾燥させ、ミルサーで粉にする。

3 フランボワーズは66℃のコンベクションオーブンで一晩乾燥させ、ミルサーで粉にする。

セルフィユのグラスロワイヤル

1 セルフィユを水を入れた真空器にさっとくぐらせて水を含ませ、花に張りを出す。

2 卵白と粉糖を1:1の割合で混ぜ合わせてグラスロワイヤルを作る。

3 セルフィユをグラスロワイヤルにくぐらせ、セルフィユパウダーをつける。

4 80℃のコンベクションオーブンで2時間乾燥させる。

クラックラン

1 水とグラニュー糖をわかし、やや

粘度がついてきたらアーモンドダイスを加えて炒める。

2 糖衣がしっかりからんで白くサラサラになったらシルパットの上にあけ、ほぐしてさます。

仕上げ

1 皿にビスキュイ・ショコラをのせ、ピンクグレープフルーツの果肉をほぐしてまわりに盛りつける。

2 ピンクグレープフルーツムースをのせ、上にピンクグレープフルーツジュレをのせる。オパリーヌをムースの下とジュレの下に差し込んで花にする。

3 クラックランを皿の端にのせ、上にセルフィユアイスクリームをクネル形にして盛りつける。

4 セルフィユのグラスロワイヤルを飾り、セルフィユとフランボワーズのパウダーをそれぞれ茶漉しでふって仕上げる。

真牡蠣：68℃ オイスターリーフ 金時草

カラー写真は028ページ

材料（約2人前）

あさりの出汁（出来上がりは約1ℓ）

あさり	1kg
トマト（ざく切り）	¼個
にんにく（横半分に切る）	⅙株
ベーコン	10g
水	適宜

ハーブピュレ

パセリ	30g
エストラゴン、ディル、セルフィユの葉	各10g

オイスターリーフと水前寺菜のエチュベ

にんにく油	適宜
オイスターリーフ	適宜
水前寺菜	適宜
塩、水	各適宜
牡蠣	2個
エクストラバージン・オリーブ油	適宜
レッドソレル	適宜

＊にんにく油は、ピュア・オリーブ油ににんにくを漬けて風味を移したもの。

作り方

あさりの出汁

1 すべての材料を鍋に入れ、ひたひた量の水を注いで火にかけ、殻が開いたらシノワで漉す。

ハーブピュレ

1 ハーブを5分ゆで、ミキサーでなめらかなピュレ状にする。

オイスターリーフと水前寺菜のエチュベ

1 にんにく油を入れた鍋を火にかけ、香りが立ってきたらオイスターリーフと水前寺菜、塩、水を少々加えて蓋をする。

2 オイスターリーフのぬめりが出てきたら火を止め、水気を切る。

仕上げ

1 あさりの出汁を68℃まで温め、殻から取り出した牡蠣を入れて7〜8分ゆでる。3等分する。

2 牡蠣をゆでたあさりの出汁200gに対し、ハーブピュレ15gを加えて混ぜ合わせる。

3 皿に牡蠣を並べ、**2**を注ぎ、エクストラバージン・オリーブ油を軽くかける。レッドソレルをちらす。

123

アルジェント

夏の風景

カラー写真は040ページ

材料（約7人前）

空豆のニョッキ
- 空豆 ………………………… 200g
- 薄力粉 ………………………… 70g
- パルミジャーノ・レッジャーノ ……10g
- 卵黄 ………………………… 1個
- 塩、サラダ油 ………………… 各適宜

ビールのジュレ（出来上がりは約570g）
- ビール ………………………… 1ℓ
- ベルガモットピュレ ………… 40g
- グラニュー糖 ………………… 25g
- 板ゼラチン（水で戻す）……… 10g

ヨーグルトムース（出来上がりは約1ℓ）
- ヨーグルト …………………… 500g
- 板ゼラチン（水で戻す）……… 18g
- 35％生クリーム（9分立て）… 500g
- ジェルエスペッサ
  （増粘剤・SOSA社製）……… 1g
- レモン皮 ……………………… 1個分
- ライム皮 ……………………… 1個分

枝豆とフォアグラのマカロン
（出来上がりは約70個分）
- 枝豆 …………………………… 約70個
- 塩、黒こしょう ……………… 各適宜
- マカロン生地 ………………… 650g
- 鴨フォアグラ ………………… 適宜
- 35％生クリーム ……………… 107g
- 塩 ……………………………… 5.5g
- トレハロース ………………… 2g
- 白こしょう …………………… 1g
- 全卵 …………………………… 3個
- コニャック …………………… 適宜

ホタテのタルタルとシャンパンのムース
（出来上がりは約25人前）
- シャンパーニュ ……………… 600g
- 35％生クリーム ……………… 100g
- 板ゼラチン …………………… 3g
- 35％生クリーム（9分立て）… 125g
- ホタテの貝柱 ………………… 500g
- 塩 ……………………………… 適宜
- エクストラバージンオリーブ油 …… 適宜
- キャビア ……………………… 60g
- マイクロ金魚草 ……………… 適宜

作り方

空豆のニョッキ

1 空豆は黒い筋の部分をはずし、薄皮ごと100℃のスチームコンベクションで5分蒸す。

2 薄皮を取って裏濾す。

3 2、薄力粉、パルミジャーノ・レッジャーノをボウルですり合わせる。

4 3に卵黄を加えて混ぜ合わせ、空豆の形に成形する。

5 3分ほど塩ゆでし、水気をよく切ったら、160℃のサラダ油で1分素揚げする。油を切って塩をふる。

ビールのジュレ

1 ビールを半量まで煮詰める。

2 ベルガモットピュレ、グラニュー糖を混ぜ合わせ、ゼラチンを溶かす。

3 ショットグラスに30gずつ注ぎ、冷蔵庫で冷やし固める。

ヨーグルトムース

1 生クリーム（分量外）を少量取って温め、ゼラチンとジェルエスペッサを加えて溶かす。

2 ヨーグルトに1を加えて氷で冷やしながら撹拌し、9分立ての生クリームと同じ固さになったところで、生クリームに2回に分けて加える。

3 レモンとライムの皮を削り入れ、ビールジュレの上にのせる。

枝豆とフォアグラのマカロン

1 枝豆は薄皮ごと塩ゆでし、薄皮と豆に分ける。豆には塩、黒こしょうをふる。

2 薄皮はディッシュウォーマーで1日乾燥させ、ミルサーで粉にする。

3 マカロン生地は丸口金をつけた絞り袋で直径1cmの丸が3個つながるように絞り、両端を竹串で外に引いて枝豆形にする。

4 3に2の粉をふりかけ、180℃のオーブンで1分30秒、ピエが出はじめたところで140℃に下げて7〜8分焼く。

5 フォアグラは常温に戻し、生クリーム、塩、トレハロース、白こしょうを加えてなめらかになるまでミキサーでまわす。

6 シノワで漉し、全卵、コニャックを加え、バットに流してラップする。90℃のスチームコンベクションで20分蒸す。

7 冷蔵庫で冷やし固める。使う前にボウルにあけ、ゴムべらでなめらかにする。

8 丸口金をつけた絞り袋に7を入れ、マカロン生地に10gずつ絞る。

9 枝豆をのせ、マカロン生地をのせてサンドする。

ホタテのタルタルとシャンパンのムース

1 シャンパーニュを250gまで煮詰め、生クリームを加えてさらに125gまで煮詰める。ゼラチンを加えて溶かし、氷にあてながら撹拌する。

2 もったりし、9分立ての生クリームと同じ固さになったら、9分立ての生クリームに加える。

3 ホタテの貝柱は2mmのさいの目に切り、塩とオリーブ油で味つけする。

4 キャビアの缶にホタテのタルタルとシャンパンのムースを入れ、キャビアをのせる。マイクロ金魚草を飾る。

仕上げ

1 空豆のニョッキに串を刺し、木の枝に引っ掛けて皿にのせる。

2 ビールジュレを入れたショットグラス、ホタテのタルタルとシャンパンのムース、枝豆とフォアグラのマカロンを盛りつけ、空豆を飾る。

マカロン生地

材料
- 卵白 …………………… 150g
- 粉糖（メレンゲ用）…… 100g
- アーモンドパウダー …200g
- 粉糖 …………………… 200g
- 食用色素 ……………… 適宜

作り方

❶ 卵白と粉糖をミキサーでよく混ぜ合わせてしっかり角のあるメレンゲにする。

❷ アーモンドパウダーと粉糖をふるい入れ、粉っぽさがなくなるまでさっくりと混ぜる。

❸ ボウルにゴムべらを押しつけて生地をすくうとつながって落ちる程度までマカロナージュする。食用色素で色づける。

藁で燻した　瞬〆すずき　カッペリーニ　トマト　スイカ

カラー写真は042ページ

材料（約50人前）

トマトソース

フルーツトマト		1kg
にんにく		2片
ピュア・オリーブ油		適宜
アンチョビ		3g
プチバジル		1パック
塩		適宜

スイカのグラニテ

スイカ		1kg
フルーツトマト		500g
バルサミコ酢		適宜
シェリーヴィネガー		適宜
レモン汁		適宜

スズキ（江戸前船橋瞬〆すずき）
　　　　　　　　　　　　1.5kg
カッペリーニ　　　　　　1000g
塩　　　　　　　　　　　適宜
フルーツトマト　　　　　適宜
レモンバーム　　　　　　適宜

作り方

トマトソース

1. フルーツトマトを湯むきし、種を取って細かく切る。
2. 鍋ににんにくとオリーブ油を炒めて香りを出し、アンチョビを加える。
3. 油の温度が上がってきたところでバジルとトマトを加え、軽く炒める。
4. 氷にあてて冷やし、バーミックスで軽くつぶし、塩で味を調える。

スイカのグラニテ

1. スイカは半分に切り、果肉を取り出す。皮は器に使う。
2. スイカの果肉とフルーツトマトをミキサーでピュレ状に回し、バルサミコ酢、シェリーヴィネガー、レモン汁で味を調える。
3. シノワで漉し、冷凍庫で固める。

スズキの藁焼き

1. スズキは毎日紙を変えながら3日ほど寝かせる。
2. 3枚におろし、皮に縦方向の切り込みを細かく入れる。こうすることで、皮の臭みが焼き切れ、身もふっくら仕上げる。竹串に刺す。
3. 炭床に藁を入れ、藁に火がついて煙が上がったら30cmほど離して皮面をさっと焼き、すぐにショックフリーザーに10秒入れて余熱で火が入りすぎるのを防ぐ。

仕上げ

1. カッペリーニを塩ゆでし、氷水で冷やす。
2. ボウルに入れ、トマトソースとからめ、皿に盛る。
3. スズキを2mm厚さの薄切りにし、くし切りにしたフルーツトマトと一緒に並べる。レモンバームをちらす。
4. スイカのグラニテをほぐして皮の器に盛りつける。客席でグラニテを皿に盛りつける。

ピジョンの炭火焼　すき煮風　卵黄コンフィ　焼葱　人参　大黒しめじ

カラー写真は048ページ

材料（約10人前）

ピジョンの炭火焼　すき煮風

鳩		5羽
グレープシード油		適宜
赤ワイン		200g
みりん		200g
醤油		200g
水		200g
カソナード		60g

卵黄コンフィ

ピュア・オリーブ油		適宜
卵黄		10個
バルサミコ酢		適宜
醤油		適宜

仕上げ

大黒しめじ		適宜
ピュア・オリーブ油		適宜
塩		適宜
長ねぎ		適宜
無塩バター		適宜
姫にんじん		10本
フルール・ド・セル		適宜
ピマンデスペレット		適宜
セルバチコ		適宜

作り方

ピジョンの炭火焼　すき煮風

1. 鳩は部位ごとに切り分け、手羽先、首骨、ぼんじりはガラとして使用する。
2. ガラをグレープシード油を敷いたフライパンで色づくまでよく焼く。
3. 赤ワインとみりんを加えてアルコールを飛ばし、醤油、水、カソナードを入れて15分ほど炊く。
4. 火を止めてラップをかけ、20分ほどおいて香りを十分に移したら、シノワで漉し、常温までさます。
5. 骨つき胸肉（コッフル）、もも肉をそれぞれ4の液体と一緒に真空にかけ、58℃のスチームコンベクションで9分加熱する。取り出して常温までさます。

卵黄コンフィ

1. オリーブ油を鍋に入れて62℃に温め、卵黄を落として4〜5分入れる。
2. バルサミコ酢と醤油を同量ずつ合わせてマリネ液を作り、卵黄の底を2mmほど浸し、味と食感に変化をつける。

仕上げ

1. 大黒しめじは半分に切り、オリーブ油と塩をかけて5分なじませる。
2. ガスバーナーで焼き色をつけ、サラマンダーの中火で焼く。
3. 長ねぎは2cm長さに切り分け、軽く塩をふる。少量のバターと一緒に真空にかけ、100℃のスチームコンベクションで20分蒸す。
4. 断面をガスバーナーであぶって焼き色をつける。
5. 姫にんじんは皮をむいて少量のバターと一緒に真空にかけ、100℃のスチームコンベクションで20分蒸す。
6. 鳩の胸肉、もも肉を袋から取り出し、炭火で香ばしく焼く。ひと口大に切り分ける。胸肉は骨とささみをはずし、半分に切り分ける。
7. 皿に胸肉ともも肉を盛りつけ、卵黄をのせて、フルール・ド・セルをふる。ピマンデスペレットを添える。
8. 小皿に大黒しめじ、長ねぎ、姫にんじん、鳩のささみ、セルバチコを盛り合わせて別で供する。

125

サメ鰈の西京焼　青リンゴ　シャンピニオン　柑橘

カラー写真は044ページ

材料（約15人前）

サメガレイの西京焼
サメガレイ	………	1尾
タマリンド	………	300g
ヨーグルト	………	500g
塩	………	適宜

青りんごチップス
青りんご	………	適宜
レモン汁、水	………	各適宜
トレハロース	………	適宜

柑橘ムースリーヌ（出来上がりは500g）
水	………	500g
グラニュー糖	………	250g
オレンジ	………	1個
レモン	………	1個
ライム	………	1個
みかん	………	1個
グレープフルーツ	………	½個
アーモンドミルク	………	100g
無塩バター	………	120g
ジュレエスペッサ（増粘剤、SOSA社）	………	適宜

仕上げ
青りんご	………	適宜
シャンピニオン	………	適宜
キャビア	………	適宜
ミントの葉	………	適宜
ライム皮、オレンジ皮、レモン皮	………	各適宜

作り方

サメガレイの西京焼
1 サメガレイは5枚におろし、フィレを使う。
2 タマリンド、ヨーグルト、塩を混ぜ合わせて漬け地を作り、バットに広げる。水分を拭き取ったサメガレイを1日漬け込む。
3 漬け地を拭き取り、炭火で余分な脂を落としながらじっくり焼く。

青りんごチップス
1 青りんごは横半分に切って芯を抜き、スライサーで薄切りにする。
2 レモン汁を入れた水にさらして色止めし、水気を切ってシルパットの上に並べる。
3 トレハロースを茶漉しで全体にふり、100℃のコンベクションオーブンで1時間乾燥させる。

柑橘ムースリーヌ
1 水にグラニュー糖を溶かしてシロップを作り、表面をよく洗った柑橘5種を入れて、1時間ほど煮る。
2 シロップから取り出してミキサーでピュレにし、アーモンドミルク、バター、ジュレエスペッサを加えて濃度を調節し、シノワで漉す。

仕上げ
1 青りんごを横半分に切って芯を抜き、スライサーで薄切りにする。
2 皿に1を一枚のせ、丸口金をつけた絞り袋で柑橘ムースリーヌを青りんごの穴に絞る。
3 さらに青りんごのスライスを2枚重ね、シャンピニオンのスライスを上に並べる。
4 サメガレイの西京焼をのせて上にシャンピニオンのスライスをのせ、青りんごのスライスをのせたら、キャビアを中央にのせる。
5 青りんごチップスを2枚のせ、ミントの葉を飾り、ライム、オレンジ、レモンの皮を削ってちらす。

梅酒で焼き上げた　鴨胸肉　フランボワーズ　梅

カラー写真は052ページ

材料（約6〜8人前）
骨つき鴨胸肉（シャラン鴨）	………	900g
塩、黒こしょう	………	各適宜
ピュア・オリーブ油	………	適宜
梅酒	………	適宜
フランボワーズピュレ	………	1kg
練り梅	………	25g
アボカド油	………	適宜
ビーツパウダー	………	適宜
マイクロアマランサス	………	適宜

作り方
1 鴨肉に塩、こしょうをふり、オリーブ油を引いた鍋で皮面を下にして焼きはじめる。
2 皮面が色づいてきたら、梅酒を注いでアルコールを飛ばし、梅酒をスプーンで肉にかけながら全体に均一に火を入れる。
3 梅酒が煮詰まってきたら、肉の表面にまとわせて照りよく仕上げる。
4 フランボワーズピュレは半量まで煮詰め、練り梅を混ぜ合わせる。アボカド油を少量ずつ加えて濃度を調整する。
5 胸肉を骨からはずして切り分け、皿に盛り、4を添える。
6 ビーツパウダーを筆に含ませて渦巻き模様を皿に描き、肉にマイクロアマランサスを盛る。

52℃で火をいれた甘鯛の鱗焼　冬瓜　ゆず胡椒

カラー写真は046ページ

材料（約6人前）

冬瓜の含め煮
┌ 冬瓜 ……………………………… 1個
│ フォン・ブラン ……………………… 適宜
└ 塩 ………………………………… 適宜

冬瓜のクリーム
┌ 冬瓜の含め煮 …………………… 300g
│ 35％生クリーム ………………… 100g
│ 無塩バター ……………………… 45g
└ 塩 ………………………………… 適宜

冬瓜のオイル（出来上がりは約400g）
┌ 冬瓜の皮 ……………………… 1個分
│ ピュア・オリーブ油 ……………… 300g
│ 緑のラー油（市販品） …………… 10g
└ 塩 ………………………………… 適宜

甘鯛の鱗焼き
┌ 甘鯛 ……………………………… 300g
│ 塩 ………………………………… 適宜
│ 花山椒 …………………………… 適宜
└ サラダ油 ………………………… 適宜

マイクロ野菜（春菊、アマランサス、
デトロイト） ……………………… 各適宜

柚子こしょうヴィネグレット……… 適宜

＊柚子こしょうヴィネグレットは、柚子こ
しょう、ライム汁、エクストラバージン・
オリーブ油、ピュア・オリーブ油を
1：2：2：4で混ぜ合わせたもの。

作り方

冬瓜の含め煮
1　冬瓜は皮をはずし、8等分し、種を
取り除く。水からゆっくりゆで、柔ら
かくなったら流水で冷やす。
2　鍋に入れ、冷たいフォン・ブラン
を注いで中火にかける。沸騰したら
塩で味を調えて火を止め、自然にさ
ます。完全にさめたら、冷蔵庫で一
晩寝かせ、10cm×3cm、厚さ1.5cm
に切り分ける。

冬瓜のクリーム
1　含め煮を作ったときの残りを鍋に
入れてバター（分量外）で炒めて油脂
分を吸わせる。
2　生クリームを加えて半量まで煮詰
め、ミキサーで回す。
3　鍋に戻し、バター45gを小さく切っ
て加え、鍋を揺すりながら溶かしこ
む。塩で味を調える。

冬瓜のオイル
1　冬瓜の皮は湯でしっかり洗ってゆ
でこぼす。
2　ミキサーでオリーブ油と一緒に回
し、緑のラー油と塩で味を調える。

甘鯛の鱗焼き
1　甘鯛は鱗つきのまま皮を引いて身
と皮とに分ける。
2　身は50gずつに切り分け、軽く塩
をふる。花山椒を身で巻きこんでラ
ップで包み、両端をねじって筒形に
成形する。
3　52℃のコンベクションオーブンで8
分加熱して、蒸し焼き状態にする。
4　皮は丸まらないように両端に串を
打って網にのせる。
5　サラダ油を鍋でよく熱し、皮の上
から何度もかけて鱗を立たせる。
6　サラマンダーの遠火で、完全に水
分を飛ばし、チップス状にする。

仕上げ
1　皿に冬瓜のクリームを流し、冬瓜
のオイルをクリームの上にたらす。
2　冬瓜の含め煮と甘鯛の身を重ねて
のせる。
3　マイクロ野菜を柚子こしょうヴィネ
グレットであえて2の上にのせ、鱗
焼きを添える。

海苔を纏った牛フィレ肉　黒にんにく　ワイルドライス　トリュフ

カラー写真は050ページ

材料（約2人前）

牛フィレ肉のロティ
┌ 牛フィレ肉 ……………………… 100g
│ 塩、黒こしょう ………………… 各適宜
│ 乾海苔 …………………………… ⅓枚
└ 網脂 ……………………………… 1枚

ワイルドライスのサラダ
┌ ワイルドライス、塩 ………… 各適宜
│ シェリーヴィネガー ……………… 適宜
│ 黒トリュフ ………………………… 適宜
│ トリュフオイル …………………… 適宜
└ サラダ油 ………………………… 適宜

仕上げ
┌ 黒にんにく、自家製マデラソース
│ ……………………………… 各適宜
│ 黒豆茶 …………………………… 適宜
│ 黒トリュフ ………………………… 適宜
└ 黒豆、ミニソレル ……………… 各適宜

作り方

牛フィレ肉のロティ
1　牛フィレ肉は塩とこしょうをふる。
乾海苔は肉の幅に合わせて切る。
2　肉の側面に海苔を巻き、網脂で全
体を覆う。
3　300℃のオーブンに2分入れ、取り
出して2分休ませる。この作業を何
度もくり返し、芯温を58℃まで上げる。
4　フライパンで網脂に香ばしく焼き
色をつけて仕上げる。

ワイルドライスのサラダ
1　ワイルドライスは水で2日かけて戻す。
2　半量は塩ゆでし、シェリーヴィネ
ガー、みじん切りにした黒トリュフ、ト
リュフオイルをからめて味を調える。
3　残りは180℃のサラダ油で揚げる。

仕上げ
1　黒にんにくを裏漉しし、マデラソー
スを少量だけ加えて伸ばす。
2　黒豆茶をミルサーでまわしてパウ
ダーにする。黒トリュフは薄切りにし
て直径1cmの丸口金で抜く。
3　フィレ肉を切り分けて皿に盛り、黒
にんにくのピュレ、ワイルドライスの
サラダ、黒トリュフをちらす。
4　黒にんにくを1片丸ごと添え、黒豆、
ミニソレルをちらし、黒豆茶のパウ
ダーを茶漉しでふって仕上げる。

アメリカンチェリー　ティラミス　オペラ

カラー写真は054ページ

材料

ビスキュイ・アマンド（40cm×60cmのバット2枚分）
- アーモンドプードル、粉糖 …… 各470g
- 薄力粉 ……………………………… 100g
- 卵白 ………………………………… 770g
- グラニュー糖 …………………… 220g

クレームパティシエール・カフェ
（出来上がりは1800g）
- 牛乳 ……………………………… 1125g
- バニラ ……………………………… 3本
- 濃縮カフェエキス（トラブリ）…… 15g
- グラニュー糖 …………………… 213g
- 卵黄 ………………………………… 336g
- 薄力粉 ……………………………… 45g
- プードル・ア・クレーム ……… 69g
- 無塩バター ………………………… 78g

グリオットジュレ（出来上がりは330g）
- グリオットピュレ ……………… 300g
- グラニュー糖、パールアガー … 各30g

ムース・ティラミス（出来上がりは1200g）
- 卵白 ………………………………… 130g
- グラニュー糖 …………………… 250g
- 卵黄 ………………………………… 500g
- マスカルポーネチーズ …………… 1kg
- 35％生クリーム ………………… 500g
- 板ゼラチン（水で戻す）………… 15g
- アメリカンチェリー ……………… 適宜

クランブル・カカオ（出来上がりは1300g）
- 無塩バター ……………………… 400g
- アーモンドプードル …………… 400g
- 薄力粉 …………………………… 300g
- カカオパウダー …………………… 90g
- グラニュー糖 …………………… 100g
- 塩 …………………………………… 6g

グラスマスカルポーネ（出来上がりは約960g）
- 牛乳 ……………………………… 300g
- グラニュー糖 …………………… 60g
- マスカルポーネチーズ ………… 500g
- トレモリン ……………………… 100g
- ビドフィックス（増粘剤、ユニペクチン社）
  …………………………………… 4g

バトン・ノワ（出来上がりは約700g）
- カカオパウダー …………………… 20g
- 薄力粉 …………………………… 280g
- 粉糖 ……………………………… 50g
- ビール …………………………… 220g
- 全卵 ………………………………… 2個
- 無塩バター ……………………… 50g

チョコレートボール
- カカオ分60％チョコレート …… 適宜
- チョコレート用色素（赤）……… 適宜

キャラメルカフェ（出来上がりは450g）
- 無塩バター ……………………… 300g
- エスプレッソコーヒー（抽出液）… 500g
- グラニュー糖 …………………… 300g

ミントの葉、マラスキーノ …… 各適宜

作り方

ビスキュイ・アマンド
1 アーモンドプードル、粉糖をふるい合わせておく。
2 卵白にグラニュー糖を入れて泡立て、しっかり固いメレンゲにする。
3 2に1を加えて合わせ、薄力粉をさっくり混ぜ合わせる。オーブンシートを敷いた天板に1.5cm厚さに伸ばし、180℃のオーブンで8分焼く。

クレームパティシエール・カフェ
1 牛乳にバニラ、濃縮カフェエキスを入れ、沸騰直前まで温める。バニラを取り出す。
2 グラニュー糖、卵黄、薄力粉、プードル・ア・クレーム をすり合わせ、1を少量加えて混ぜ合わせる。
3 1の鍋に戻し、強火でこしが切れるまで炊く。
4 炊き上がったら細かく切ったバターを加え、鍋を揺すって溶かしこむ。
5 バットに移してラップを張りつけてさまし、冷蔵庫で冷やす。

グリオットジュレ
1 グリオットピュレを鍋で沸騰させ、合わせておいたグラニュー糖とアガーを加える。
2 バットに5mm厚さに流して冷やす。

ムース・ティラミス
1 卵白とグラニュー糖を混ぜ、冷凍庫で表面を凍らせる。この作業でメレンゲの保形成が高まる。よく泡立て、しっかり固いメレンゲにする。
2 卵黄に少量のマスカルポーネチーズを加えて湯煎にかけて温め、ゼラチンを溶かす。
3 マスカルポーネチーズに9分立ての生クリームを合わせ、2を加える。
4 3にメレンゲを加えて混ぜ合わせる。

プティガトーの組み立て
1 ビスキュイ・アマンドを直径6cmのセルクルで抜き、セルクルに敷き込む。
2 クレームパティシエール・カフェを1の上に1cm厚さに絞って表面を平らにならす。
3 グリオットジュレを直径5cmのセルクルで抜き、2に重ねる。
4 ムース・ティラミスを3の上に絞り入れ、種を取って半分に切ったアメリカンチェリー2個押し込む。
5 上面をパレットでならし、冷蔵庫で冷やし固める。

クランブル・カカオ
1 ポマード状にしたバターにアーモンドプードル、薄力粉、カカオパウダー、グラニュー糖、塩をふるい入れてすり混ぜる。
2 オーブンシートを敷いた天板に薄く伸ばし、180℃のオーブンで5分焼く。
3 取り出してカードでくずし、さらに5分焼く。

グラスマスカルポーネ
1 牛乳を温めてグラニュー糖を溶かし、すべての材料をよく混ぜ合わせてアイスクリームマシンにかける。

バトン・ノワ
1 粉類を合わせてふるい、ビール、全卵を混ぜ合わせて加える。
2 生地の中央をくぼませ、穴に溶かしバターを加えて混ぜ合わせる。
3 絞り袋に入れて先を細く切り、8cm程度の棒状に絞る。160℃のオーブンで6～8分焼く。

チョコレートボール
1 直径7cmのシリコン製の半球型にチョコレート用色素を刷毛で塗る。
2 色素がやや固まりはじめたらテンパリングしたチョコレートを刷毛で薄く塗る。少し乾いたところでさらに塗り重ねる。ふちはやや厚めに塗っておくと組み立てやすい。
3 型の下に1cm程度の丸形磁石をおいて型にくぼみを作って固める。
4 残ったチョコレートを三角コルネに入れてOPPシートの上に細く絞り、りんごの芯を作る。
5 完全に固まったら型からはずす。

キャラメルカフェ
1 グラニュー糖を鍋で濃いきつね色になるまで煮詰める。
2 エスプレッソコーヒーを加えてとろみが出るまでさらに煮詰める。細かく切ったバターを加え、バーミックスで乳化させる。

仕上げ
1 チョコレートボールの中にプティガトーを入れ、クネル形にしたグラスマスカルポーネをのせる。上からもう1つを重ねて球体にする。
2 皿にクランブル・カカオを盛り、その上に1をのせる。
3 チョコレートボールのくぼみを少し溶かしてバトン・ノワを刺し、接着面をミントの葉で隠す。クランブル・カカオのそばにもミントの葉を添える。
4 客席でマラスキーノに火をつけ、チョコレートボールに注いで溶かす。
5 キャラメルカフェを上から流す。

フィリップ・ミル 東京

ラングスティーヌのポワレ　トマトとズッキーニのリーニュ
花ズッキーニのファルシーを添えて

カラー写真は058ページ

材料（約15人前）

ズッキーニボール
- ズッキーニ ……………………… 100g
- トマト ……………………………… 100g
- 塩 ………………………………… 適宜
- ピュア・オリーブ油 …………… 適宜
- 白こしょう ……………………… 適宜
- アーモンド（ロースト）……… 10g
- ラングスティーヌ ……………… 30g
- 卵白 ……………………………… 10g
- ズッキーニの花 ………………… 適宜

ズッキーニピュレ
- トマト ……………………………… 100g
- 塩 ………………………………… 適宜
- ピュア・オリーブ油 …………… 適宜
- ズッキーニ ……………………… 100g
- 白こしょう ……………………… 適宜

花ズッキーニセッシェ
- ズッキーニの花 ………………… 適宜
- ピュア・オリーブ油 …………… 適宜

根セロリピュレ（出来上がり555g）
- 根セロリ ………………………… 500g
- 無塩バター ……………………… 50g
- 塩 ………………………………… 5g

コライユボール
- 天ぷら粉 ………………………… 100g
- 水 ………………………………… 150g
- オマール海老のコライユ ……… 30g
- サラダ油 ………………………… 適宜

ラングスティーヌのポワレ
- ラングスティーヌ ……………… 15尾
- 塩、白こしょう ……………… 各適宜
- ピュア・オリーブ油 …………… 適宜

仕上げ
- ビスク・ド・オマール(130ページ)… 適宜
- コーンスターチ ………………… 適宜
- ハーブ油、エルダーフラワー油 … 各適宜
- ティムトペッパー、万能ねぎ、
- シトロン・キャビア …………… 各適宜

作り方

ズッキーニボール
1　ズッキーニとトマトを1〜2mmの賽の目切りにし、トマトは塩とオリーブ油をかけてガス台の上やディッシュウォーマーなどの温かいところで1時間ほど乾かすようにコンフィにする。
2　ズッキーニはオリーブ油を敷いた鍋で弱火でゆっくり炒め、トマトコンフィを加えて塩、こしょうで味を調える。アーモンドのみじん切りを加えてさっと合わせ、さます。
3　ラングスティーヌは細かく刻み、練って粘りを出す。
4　卵白を加え、混ざったところで2を混ぜ合わせ、直径1cmのシリコン製の型を使ってボール状に成形する。
5　ズッキーニの花は開いてラップで挟み、85℃のスチームコンベクションに30秒ほど入れ、さます。
6　4のボールを花で包み、ラップで包んで64℃のスチームコンベクションで15分ほど蒸す。

ズッキーニピュレ
1　トマトを1〜2mmの賽の目切りにし、塩とオリーブ油をかけてガス台の上やディッシュウォーマーなどの温かいところで1時間ほど乾かすようにコンフィにする。このうち75gを使用する。
2　ズッキーニはみじん切りにし、オリーブ油を敷いた鍋でズッキーニを炒め、トマトコンフィを加えてピュレ状になるまで炒め、塩、こしょうで味を調える。

花ズッキーニセッシェ
1　ズッキーニの花を1枚ずつに切り分け、両面にオリーブ油を塗る。
2　オーブンシートをセルクルに巻きつけ、ズッキーニの花を張りつける。ガス台の上など、温かい場所で乾燥させる。

根セロリピュレ
1　根セロリは厚めに皮をむき、1.5cm角に切る。バターと塩と一緒に真空にかけ、平らにして85℃のスチームコンベクションで2時間加熱する。
2　ミキサーでなめらかなピュレ状にし、シノワで漉す。

コライユボール
1　サラダ油以外の材料を混ぜ合わせてディスペンサーに入れる。
2　170℃のサラダ油に落として揚げる。

ラングスティーヌのポワレ
1　ラングスティーヌは頭と殻を取り、まっすぐになるように腹側の節を軽く切っておく。
2　4%の塩水に3分浸け、取り出して10分常温に戻す。
3　こしょうをし、オリーブ油を敷いたフライパンで軽く押さえながら両面を強火でさっと焼く。

仕上げ
1　ビスク・ド・オマールを煮詰めて味を調え、水溶きコーンスターチで濃度をつける。
2　ハーブ油とエルダーフラワー油を5：1の割合で合わせる。
3　根セロリのピュレをディスペンサーに入れて皿に羽模様を描き、中にビスク・ド・オマールを流し、ハーブとエルダーフラワー油を点描する。
4　ズッキーニボールを温めて並べ、花ズッキーニセッシェを飾る。
5　ラングスティーヌを腹を上にしてのせ、ティムトペッパーをかける。
6　ズッキーニピュレをラングスティーヌの上に絞り、コライユボール、斜め切りにした万能ねぎ、シトロン・キャビアを飾る。

＜ ハーブ油とエルダーフラワー油 ＞

材料
- セルフィユ ……………… 適宜
- シブレット ……………… 適宜
- グレープシード油 ……… 適宜
- エルダーフラワー ……… 適宜

作り方
❶　セルフィユ7に対し、シブレット3の割合で合わせてさっとゆで、水気を切る。
❷　グレープシード油と①を合わせてミキサーでまわし、紙漉しする。水と油を分離させ、油分だけを使う。
❸　エルダーフラワーとグレープシード油を真空にかけ、85℃のスチームコンベクションで2時間加熱する。
❹　粗熱を取り、一晩寝かせる。シノワで漉す。

デトックスのベールに包まれた毛蟹　甲殻類のエミュルション
エルダフラワーの香り

カラー写真は060ページ

材料（約12人前）

毛ガニサラダ
- 毛ガニ ……………………… 480g
- りんご ……………………… 120g
- サリコルヌ、シブレット、レモン皮 …………………… 各適宜
- エクストラバージン・オリーブ油 …………………… 適宜
- 塩、白こしょう ……………… 各適宜

エミュルシオン・クリュスタッセ
（出来上がりは700g）
- ビスク・ド・オマール ……… 200g
- 35％生クリーム …………… 200g
- 牛乳 ………………………… 300g
- レシチン …………………… 適宜
- 塩、白こしょう ……………… 各適宜
- エルダーフラワー油（129ページ） …………………… 適宜

デトックスシート
- きゅうり …………………… 400g
- ズッキーニ ………………… 100g
- セロリ ……………………… 100g
- りんご ……………………… 200g
- 塩、レモン汁 ……………… 各適宜
- 板ゼラチン（水で戻す） …… 2g
- アガー ……………………… 1.6g

仕上げ
- 金箔、コライユパウダー … 各適宜

作り方

毛ガニサラダ
1　毛ガニは塩ゆでし、身をほぐす。
2　1〜2mm角のさいの目切りにしたりんご、みじん切りにしたサリコルヌとシブレット、レモン皮を1に混ぜ合わせ、オリーブ油と塩、こしょうで味つけする。

エミュルシオン・クリュスタッセ
1　ビスク・ド・オマールを半量まで煮詰め、生クリームと牛乳を加えてわかす。
2　火を止めてレシチンを加え、撹拌する。常温までさます。
3　塩、こしょうで味を調え、エルダーフラワー油を加えてハンドミキサーで泡立てる。

デトックスシート
1　ゼラチンとアガー以外の材料をジューサーに入るサイズに切り、ジューサーで搾る。レモン汁はりんごの酸味に合わせて加える。
2　1を200g取り、一部をわかしてゼラチンとアガーを加えて溶かす。22cm×32cmのバットに流し、冷やし固める。

仕上げ
1　直径5cmのシリコン製半球型に毛ガニサラダを詰めて形を整え、皿に盛る。
2　デトックスシートを直径9cmのセルクルで抜き、1にかぶせる。金箔、コライユパウダーを飾る。
3　まわりに泡立てたエミュルシオン・クリュスタッセを注ぐ。

◇ コライユパウダー ◇

材料
- オマール海老のコライユ ………… 適宜

作り方
❶　コライユを裏漉してオーブンシートの上に薄く伸ばす。
❷　電子レンジで色が変わるまで加熱し、ディッシュウォーマーで乾燥させる。
❸　ミルサーで粉状にする。

◇ ジュ・ド・ブフ ◇

材料（出来上がりは1ℓ）
牛肉（もも肉、すね肉などすじのある部位）
- …………………… 2.5kg
- にんじん（1.5cm角） …………… 80g
- セロリ（1.5cm角） ……………… 25g
- 玉ねぎ（1.5cm角） ……………… 80g
- ポロねぎ（1.5cm角） …………… 12g
- にんにく …………………………… ¼株
- ピュア・オリーブ油 ……………… 適宜
- 無塩バター ……………………… 100g
- 水 ………………………………… 3ℓ
- 塩 ………………………… ひとつまみ
- 黒こしょう ……………………… 0.2g
- コリアンダーシード …………… 0.2g
- タイム、クローブ ………………… 各1本

作り方
❶　牛肉は3cm角に切り、にんじん、セロリ、玉ねぎ、ポロねぎは皮をむいて1.5cm角に切る。にんにくは横に切る。
❷　オリーブ油を敷いた鍋を強火にかけて牛肉を炒め、色がつきはじめたらやや火を弱める。
❸　全体に色づいたらにんにくを加えて香りを出し、野菜を加えてよく炒める。
❹　全体がしんなりし、色づく直前にバターを加え、泡立ったところで油を切って鍋に戻す。
❺　水、塩を加えて中火にかけ、わいたらアクをていねいに取り除く。弱火にして残りの材料を加え、2時間煮込む。シノワで漉す。
❻　具材を鍋に戻し、水をひたひたよりやや少ない程度に注いで中火にかける。
❼　わいたらアクを取り、30分煮込んで2番のフォンを取る。
❽　1番と2番を合わせ、1ℓまで煮詰める。

◇ ビスク・ド・オマール ◇

材料（出来上がりは2ℓ）
- オマールブルーの頭、ガラ …………………… 5kg
- ピュア・オリーブ油 …… 適宜
- にんじん（2cm角） …… 100g
- フヌイユ（2cm角） …… 100g
- 玉ねぎ（2cm角） …… 100g
- セロリ（2cm角） …… 100g
- 焦がしバター ………… 200g
- シャンピニオン（みじん切り） …………………… 500g
- トマトコンサントレ … 150g
- コニャック ………… 100g
- パスティス …………… 50g
- 白ワイン …………… 250g
- 水 …………………… 5ℓ
- トマト ……………… 1kg
- 黒粒こしょう ………… 1g
- コリアンダーシード … 1g

作り方
❶　オマール海老の頭を割り、内臓をきれいに取り除いて細かく切る。頭、足、胴に分け、オリーブ油を敷いた鍋で強火でしっかり炒める。
❷　にんじん、フヌイユ、玉ねぎ、セロリはオリーブ油を敷いた鍋で色づけずにしんなりするまで炒める。
❸　鍋にバターを入れて焦がし、①、②、シャンピニオン、トマトコンサントレを加えて中火でさらに炒める。
❹　コニャック、パスティス、白ワインを加えてアルコールを飛ばし、水を加えてわかす。
❺　アクを取り、弱火にしてつぶしたトマト、黒粒こしょうとコリアンダーシードを加え、2時間炊く。シノワで漉す。
❻　具材を鍋に戻し、水をひたひたよりやや少ない程度に注いで中火にかける。
❼　わいたらアクを取り、30分煮込んで2番のフォンを取る。
❽　1番と2番を合わせ、2ℓまで煮詰める。

和牛ローストとアーティチョークの塩釜焼
香ばしい玉葱のムースリーヌ

カラー写真は066ページ

材料（約4人前）

アーティチョークの岩塩包み

アーティチョーク	大2個
レモン汁	適宜
ピュア・オリーブ油	適宜
フォン・ブラン	120g
昆布	適宜
岩塩	600g
薄力粉	550g
卵白	125g
水（常温）	175g
無塩バター	適宜
塩	適宜

アーティチョークのチップス

アーティチョーク	適宜
サラダ油	適宜
塩	適宜

玉ねぎのムースリーヌ

（出来上がりは約20人前）

玉ねぎ	500g
無塩バター	50g

フィニシオン（出来上がりは約600g）

ジュ・ド・ブフ（130ページ）	1ℓ
牛肉（すじ肉など）	500g
ピュア・オリーブ油	適宜
水	適宜
タイム	1枝
にんにく	½片
塩、黒しょう	各適宜

ブールノワゼットのサバイヨン

全卵	3個
卵黄	3個
シェリーヴィネガー	5g
白バルサミコ酢	5g
塩	3g
無塩バター	250g

仕上げ

オニオンヌーボー	適宜
和牛ロース肉	240g
塩、黒こしょう	各適宜
ピュア・オリーブ油	適宜

作り方

アーティチョークの岩塩包み焼き

1 アーティチョークは皮をむき、レモン汁を入れた水にしばらく浸けて色止めしておく。

2 鍋にオリーブ油を敷き、アーティチョークを丸ごと炒め煮する。素材から水分が出てきたところでフォン・ブランを加えてわかす。

3 蓋をして180℃のオーブンに入れ、15～20分蒸し煮する。

4 昆布は表面をふき、水に浸けて戻しておく。

5 岩塩、薄力粉、卵白、水を混ぜ合わせ、2mm厚さに伸ばす。乾燥すると生地が割れやすくなるので、使う直前までラップで包んでおく。

6 アーティチョークをくし切りにし、昆布で包んで長方形に整える。

7 6を岩塩包みの生地で包み、長方形に整形する。

8 プランチャーで生地全体が黒くなるまで焼き、180℃のオーブンに10分入れて焼く。

9 生地を横から切って一度アーティチョークを取り出し、水、塩、バターを混ぜ合わせた液体の中で温めてバターの香りをつける。

10 アーティチョークを岩塩生地の中に戻し、元の状態に戻して提供する。

アーティチョークのチップス

1 アーティチョークは皮をむいて生のままスライサーで薄く切る。

2 180℃のサラダ油で揚げ、塩をふって味つける。

玉ねぎのムースリーヌ

1 玉ねぎは横半分に切り、プランチャーで断面を焦がし、皮をむいて薄切りにする。

2 バターを入れた鍋で玉ねぎを甘味が出るまでよく炒める。

3 ミキサーでなめらかなピュレ状にする。

フィニシオン

1 ジュ・ド・ブフは上澄みの脂をはがし取っておき、はがした脂は残しておく。牛肉は1cm角に切る。

2 オリーブ油を敷いた鍋で牛肉をはじめは強火でしっかり炒め、色がつきはじめたらやや火を弱めて色づけるように焼く。

3 油を切り、少量の水を加えて鍋肌についたうま味を煮溶かす。

4 ジュ・ド・ブフを加えてわかし、アクをていねいに取り除く。弱火にしてタイムとにんにくを加え、40～50分ほど煮て肉が柔らかくなったらシノワで漉す。

5 1ではがした脂を適宜加えてバターモンテの要領で鍋を揺すりながら溶かしこむ。塩、こしょうで味を調える。濃度が足りなければ水溶きコーンスターチを加える。

ブールノワゼットのサバイヨン

1 バター以外の材料をポットに入れて混ぜ合わせておく。

2 バターを熱して焦がしバターを作り、ポットに少しずつ加えてハンドミキサーでよく混ぜ合わせる。

3 エスプーマの容器に入れ、亜酸化窒素ガスを充填する。64℃の湯煎で20分加熱し、54℃で保温しておく。

仕上げ

1 オニオンヌーボーは縦半分に切って1枚ずつはがし、中も取り除いて空洞の洋梨形にする。

2 さっとゆで、バーナーで香ばしい焼き色をつける。

3 ロース肉は60gずつに切り分け、塩、こしょうをする。オリーブ油を敷いたフライパンで軽く焼き、180℃のオーブンに6～8分入れて取り出し、少し休ませてレアな状態に仕上げる。

4 皿の3か所に玉ねぎのムースリーヌを絞り、オニオンヌーボーをのせる。上に玉ねぎのムースリーヌを絞る。

5 アーティチョークのチップスを飾り、5mm厚さに切り分けたロース肉を盛りつける。

6 フィニシオンとサバイヨンはそれぞれソーシエに入れ、岩塩包みは別の皿で供し、テーブルで皿に盛りつけ、2種のソースをそれぞれ流す。

赤ワインを纏った半熟卵　ジャガイモのドフィーヌ
キャビアとクレソンのクーリー

カラー写真は062ページ

材料（約10人前）

ウフ・モレ
- 卵（Sサイズ）……………………10個
- 塩、白ワインヴィネガー ……各適宜
- 10％塩水 ………………………適宜

じゃがいものドフィーヌ
- 水 ………………………………200g
- 塩 …………………………………3g
- 無塩バター ………………………80g
- 薄力粉 …………………………125g
- 全卵 ……………………………180g
- じゃがいもピュレ ……………170g
- 塩 …………………………………1g
- サラダ油 ………………………適宜

シャンピニョン・デュクセル
- シャンピニョン ………………100g
- ピュア・オリーブ油 ……………適宜
- ほうれん草 ……………………100g
- 無塩バター ………………………適宜
- 塩、白こしょう ………………各適宜

オニオン・ピクルス
- 赤玉ねぎ …………………………適宜
- ピュア・オリーブ油 ……………適宜
- シェリーヴィネガー ……………適宜

グラサージュ・ヴァン・ルージュ
- ビーツ …………………………150g
- ベーコン ………………………150g
- 赤ワイン ………………………1.5ℓ
- グラニュー糖 ……………………15g
- 35％生クリーム …………………60g
- コーンスターチ …………………適宜
- 塩、白こしょう ………………各適宜

仕上げ
- クレソン …………………………適宜
- 塩 …………………………………適宜
- ソース・シャンパーニュ ………適宜
- サラダ油 …………………………適宜
- 根セロリピュレ（129ページ）…適宜
- キャビア …………………………適宜
- マイクロオゼイユ ………………適宜

作り方

ウフ・モレ
1 卵は1～2週間ほど寝かせ、濃厚卵白のタンパク質を変性させて水様卵白に変える。
2 常温に戻し、塩とヴィネガーを入れてわかした湯で3分10秒ゆでる。ゆでている間は常にかき混ぜ、均一に火を入れる。
3 氷水に落とし、殻を叩いて細かくひびを入れ、ぬるま湯につけながらていねいにむく。
4 塩水に5分入れて味をしみこませる。水気を切る。

じゃがいものドフィーヌ
1 水、塩、バターを鍋に入れてわかし、薄力粉を加えてよく練り合わせる。
2 火からはずし、卵を少しずつ加えながら混ぜ合わせる。
3 じゃがいもは皮をむいて塩ゆでし、裏漉す。
4 2のパータ・シューとじゃがいもピュレをそれぞれ170gずつ取って合わせ、塩1gを加えて混ぜ合わせる。
5 直径2.5cmのシリコン製マイクロストーン型（シリコマート社）に詰め、冷凍する。
6 180℃のサラダ油で素揚げする。

シャンピニョン・デュクセル
1 シャンピニョンは薄切りにし、オリーブ油を敷いたフライパンでよく炒めて水分を飛ばす。ロボクープでみじん切りにする。
2 ほうれん草はバターを入れたフライパンで炒め、細かく刻む。
3 1と2を同量合わせ、塩、こしょうで味を調える。このうち150gを使用する。

オニオン・ピクルス
1 赤玉ねぎはくり抜き器を使って、直径1cmのドーナツ形にする。オリーブ油を入れた鍋でさっと炒め、シェリーヴィネガーを加えて、火を止めてそのままさます。

グラサージュ・ヴァン・ルージュ
1 ビーツは丸ごとアルミホイルで包み、180℃のオーブンで1時間焼く。皮をむき、薄切りにする。このうち150gを使用する。
2 ベーコンは薄切りにして、棒状に刻む。ベーコン、ビーツ、赤ワイン、グラニュー糖を鍋に入れてわかす。
3 火をつけてアルコールを飛ばし、火を止めて蓋をして1時間風味を抽出する。
4 シノワで漉し、90gまで煮詰める。
5 生クリームを混ぜ合わせ、水溶きコーンスターチで濃度をつけ、塩、こしょうで味を調える。

仕上げ
1 クレソンを柔らかくなるまで塩ゆでし、ミキサーでまわしてピュレ状にする。
2 1にソース・シャンパーニュを少量加えて味を調える。
3 ウフ・モレを54℃のスチームコンベクションで温めておく。
4 じゃがいものドフィーヌを180℃のサラダ油でもう一度揚げ、食感を軽くする。
5 皿を回転台にのせ、皿を回しながら根セロリピュレをディスペンサーで絞って円形にする。
6 円の中に2を流し、オニオン・ピクルスを3個のせる。
7 ピクルスの上にじゃがいものドフィーヌをのせ、ピクルスをのせてキャビアを盛りつける。マイクロオゼイユを飾る。
8 ウフ・モレを網の上にのせ、グラサージュ・ヴァン・ルージュをかける。
9 シャンピニョン・デュクセルを皿に盛り、その上に7をのせる。

＜ソース・シャンパーニュ＞

材料（出来上がりは約700g）
- フュメ・ド・ポワソン …500g
- シャンパーニュ …………200g
- 35％生クリーム …………250g
- 塩、白こしょう …………各適宜
- 無塩バター ………………100g
- レモン汁 …………………10g

作り方
❶ フュメ・ド・ポワソンとシャンパーニュを鍋に入れ、350gまで煮詰める。
❷ 生クリームを加え、わいたら塩、こしょう、細かく切ったバター、レモン汁を加えてバターを溶かし、味を調える。

軽いアーモンドのクリームとアメリカンチェリーのフィーユ
甘酸っぱいグリオットチェリーのソルベ添え

カラー写真は070ページ

材料（約50人前）

チュイルガヴォット
- 無塩バター ……… 50g
- 卵白 ……… 50g
- 粉糖 ……… 50g
- 薄力粉 ……… 50g
- フランボワーズ濃縮シロップ ……… 3g

ホワイトチョコレートのチュイル
- ホワイトチョコレート ……… 200g
- フランボワーズパウダー ……… 10g

オパリーヌ
（出来上がりは約250人前）
- 水飴 ……… 500g
- フォンダン ……… 500g
- 無塩バター ……… 137g
- 食用色素（赤） ……… 適宜

**フリュイルージュと
グリオットのマルムラード**
- グラニュー糖 ……… 100g
- NHペクチン ……… 10g
- フリュイ・ルージュ（ミックスベリーピュレ）
  ……… 500g
- 水飴 ……… 80g
- ベルベーヌの葉 ……… 12g
- レモン汁 ……… 20g
- グリオットチェリー ……… 200g

アーモンドムース
（出来上がりは約35人前）
- 35％生クリーム ……… 140g
- アーモンドダイス（ロースト） ……… 50g
- 板ゼラチン（水で戻す） ……… 4g
- ホワイトチョコレート ……… 150g
- アマレット ……… 15g
- 35％生クリーム（6分立て） ……… 280g

グリオットチェリーのソルベ
（出来上がりは約100人前）
- 牛乳 ……… 500g
- 水飴 ……… 150g
- グラニュー糖 ……… 150g
- いちご ……… 500g
- グリオットチェリー ……… 500g
- レモン汁 ……… 20g
- ホワイトチョコレート ……… 適宜
- カカオバター ……… 適宜
- フランボワーズパウダー ……… 適宜

仕上げ
- アメリカンチェリー ……… 適宜
- ベルベーヌの葉 ……… 適宜
- ホワイトチョコレート ……… 適宜

作り方

チュイルガヴォット
1. ポマード状にしたバターに卵白と粉糖を少しずつ加えて混ぜ合わせる。
2. 薄力粉とエクストラフランボワーズを混ぜ合わせる。
3. オーブンシートの上に自作の花型をおき、生地を型に薄く伸ばす。150℃のコンベクションオーブンで7分焼く。
4. 柔らかいうちに軽く曲げてニュアンスをつけ、完全にさます。

ホワイトチョコレートのチュイル
1. テンパリングしたホワイトチョコレートにフランボワーズパウダーを混ぜ合わせる。
2. OPPシートの上に自作の花型をおき、チョコレートを薄く伸ばす。
3. OPPシートをボウルの側面に張りつけ、完全に固め、型からはずす。

オパリーヌ
1. 水飴とフォンダンを鍋に入れて薄いキャラメル色になるまで加熱し、バターと食用色素を加えて溶かす。
2. シルパットの上に流して完全に固め、フードプロセッサーで粉状にする。
3. オーブンシートの上に自作の花型をおき、茶漉しで2をふる。180℃のコンベクションオーブンで30秒焼き、柔らかいうちに軽く曲げてニュアンスをつけ、完全にさます。

**フリュイルージュと
グリオットのマルムラード**
1. グラニュー糖とペクチンはあらかじめ合わせておく。
2. フリュイ・ルージュと水飴、ベルベーヌの葉を合わせて温め、1を加えて溶かす。
3. レモン汁とグリオットチェリーを加え、ジャム状になるまで煮詰める。

アーモンドムース
1. 生クリームを沸騰直前まで温め、アーモンドダイスを加える。ラップをして10分おき、風味を移す。
2. ゼラチンを加えて溶かし、溶かしたホワイトチョコレートを加えて乳化させ、氷水にあててさます。
3. アマレットと6分立てにした生クリームを加えて合わせる。

グリオットチェリーのソルベ
1. 牛乳、水飴、グラニュー糖を鍋で温めて溶かし、いちご、グリオットチェリー、レモン汁を加えてパコジェットの容器に入れて冷凍する。
2. パコジェットで回し、直径3cmのシリコン製円板型に流し、冷やし固める。
3. ホワイトチョコレートとカカオバターを混ぜ合わせて溶かし、フランボワーズパウダーを混ぜ合わせる。
4. 2を竹串で刺してくぐらせ、コーティングする。

仕上げ
1. 皿にグリオットチェリーのソルベをのせ、ホワイトチョコレートのチュイル、フリュイルージュとグリオットのマルムラード、チュイルガヴォット、アーモンドムース、オパリーヌの順に重ねる。
2. アメリカンチェリーの薄切りとベルベーヌの葉を飾り、ホワイトチョコレートを削ってちらす。

135

色々な季節の貝類とキャビア
燻製をかけたカリフラワーのエスプーマ

カラー写真は064ページ

材料（約25人前）

カリフラワーエスプーマ

カリフラワー	1房
35％生クリーム	適宜
塩、白こしょう	各適宜
北寄貝	2個
ミル貝	1個
タイラ貝	1個
カリフラワー	250g
ソース・シャンパーニュ（132ページ）	適宜
レモン皮、シブレット	各適宜
オイスターリーフ、サリコルヌ	各適宜
クルトン、万能ねぎ	各適宜
キャビア	250g

＊クルトンは、スライスしたパンを直径5mmの抜き型で抜き、180℃のサラダ油で揚げたもの。

作り方

カリフラワーエスプーマ

1 カリフラワーは茎をはずして小房に分け、柔らかくなるまでゆでる。

2 水気を切ってミキサーで回し、シノワで漉してピュレ状にする。

3 広めのバットに広げ、燻製器に3分入れる。

4 鍋にピュレを入れ、クリームを加えて火にかける。持ち上げるとゆっくりと落ちる程度の濃度まで調整し、塩、こしょうで味を調える。エスプーマの容器に入れ、亜酸化窒素ガスを充填する。

仕上げ

1 貝はそれぞれ殻から取り出し、さっとゆでる。

2 1cm角に切り分け、混ぜ合わせる。

3 カリフラワーは小房に分け、さらに7〜8mmほどのサイズになるように茎を分ける。

4 ソース・シャンパーニュで食感が残る程度に煮る。

5 レモン皮を削り入れ、小口切りにしたシブレット、貝を加えてさっとからませる。

6 5の貝以外を皿に盛り、刻んだオイスターリーフとサリコルヌをちらす。貝をのせる。

7 カリフラワーのエスプーマを絞って覆い、クルトン、斜め切りにした万能ねぎをふちに交互に並べ、真ん中にキャビアをのせる。

◇ 牛テールのジュ ◇

材料（出来上がりは2ℓ）

赤ワイン	5ℓ
牛テール	5kg
薄力粉	適宜
ピュア・オリーブ油	適宜
玉ねぎ	275g
にんじん	625g
セロリ	100g
にんにく	½株

作り方

❶ 赤ワインをわかしてアルコールを飛ばし、さます。牛テールを1日マリネする。

❷ 牛テールは水気を取り、半量に薄力粉をつける。

❸ オリーブ油を敷いた鍋で牛テールをしっかり色づくまで炒める。

❹ 玉ねぎ、にんじん、セロリは皮をむいて1cm角に切り、オリーブ油を敷いたフライパンで全体が軽く色づくまで炒める。

❺ ❸の鍋に横半分に切ったにんにく、❹を入れ、マリネした赤ワインを注ぐ。全体に浸かる程度まで液体が足りなければ、フォン・ブランを足す。

❻ 150℃のコンベクションオーブンで24時間煮込む。

❼ 油やアクをていねいに取り除いてシノワで漉し、2ℓまで煮詰める。

◇ ジュ・ド・ピジョン ◇

材料（出来上がりは1ℓ）

鳩のガラ	2.5kg
にんじん	80g
セロリ	25g
玉ねぎ	80g
ポロねぎ	12g
にんにく	¼株
ピュア・オリーブ油	適宜
無塩バター	100g
水	3ℓ
塩	適宜
赤ワイン	200g
黒こしょう	0.2g
タイム	1枝
クローブ	1本

作り方

❶ 鳩のガラは血をよく洗って内臓などもきれいに掃除し、粗く刻む。にんじん、セロリ、玉ねぎ、ポロねぎは皮をむいて1.5cm角に切る。にんにくは横に切る。

❷ オリーブ油を敷いた鍋を強火にかけてガラを炒め、色がつきはじめたらやや火を弱める。

❸ 全体に色づいたらにんにくを加えて香りを出し、残りの野菜を加えてよく炒める。

❹ 全体がしんなりし、色づく直前にバターを加え、泡立ったところで油を切って鍋に戻す。

❺ 水、塩を加えて中火にかけ、わいたらアクをていねいに取り除く。弱火にして残りの材料を加え、2時間煮込む。シノワで漉す。

❻ 具材を鍋に戻し、水をひたひたよりやや少ない程度に注いで中火にかける。

❼ わいたらアクを取り、30分煮込んで2番のフォンを取る。

❽ 1番と2番を合わせ、1ℓまで煮詰める。

赤ワインを纏った小鳩のファルシー
ヴァニラ風味のビーツのスパイラル

カラー写真は068ページ

材料（約12人前）

グラサージュ・ピジョン
- 鳩手羽先 ……………………… 250g
- ピュア・オリーブ油 …………… 適宜
- にんにく ………………………… 1片
- 赤ワイン（⅓量に煮詰める）…… 適宜
- 牛テールのジュ（134ページ）…… 500g
- 豚血、コニャック、シェリーヴィネガー
　　　　　　　　　　　　　　…… 各適宜
- 塩、白こしょう ………………… 各適宜

フォアグラのテリーヌ
（ここから100gを使用）
- 鴨フォアグラ …………………… 1kg
- 塩 ……………………………… 11g
- 白こしょう ……………………… 3g

ムース・ヴォライユ
（ここから150gを使用）
- 鶏胸肉 ………………………… 100g
- 卵白 …………………………… 24g
- 塩 ……………………………… 2g
- 35％生クリーム ………………… 80g

ピジョン・ファルス
- 鳩胸肉 ………………………… 400g
- 赤ワイン（マリネ用）…………… 1ℓ
- フォアグラのテリーヌ ………… 100g
- シャンピニョン …ソテーした状態で100g
- ピュア・オリーブ油 …………… 適宜
- ムース・ヴォライユ …………… 150g
- 塩、白こしょう ………………… 各適宜

ソース・ピジョン
（出来上がりは約500g）
- ジュ・ド・ピジョン（134ページ）…… 1ℓ
- 鳩手羽先 ……………………… 500g
- ピュア・オリーブ油 …………… 適宜
- 赤ワイン（⅓量に煮詰める）…… 適宜
- タイム …………………………… 1枝
- にんにく ………………………… ½片
- 塩、白こしょう ………………… 各適宜

スパイラルビーツ
- 無塩バター、バニラ …………… 各適宜
- ビーツ、キオッジャ …………… 各適宜
- 塩、白こしょう ………………… 各適宜

仕上げ
- 根セロリピュレ（129ページ）…… 適宜
- ビーツピュレ …………………… 適宜
- パータ・ブリック ……………… 適宜
- ピュア・オリーブ油 …………… 適宜
- エディブルフラワー（ボリジ）… 適宜
- マイクロオゼイユ ……………… 適宜

＊ビーツピュレは、材料をビーツにかえて
根セロリ（129ページ）と同様に作る。

作り方

グラサージュ・ピジョン
1. 手羽先を1〜2mm幅に粗く刻み、オリーブ油を敷いた鍋で焼く。
2. にんにくをつぶして加え、手羽先がよく色づいたら余分な油を切り、にんにくを取り除く。
3. 赤ワインを加えて鍋肌についたうま味を煮溶かし、牛テールのジュを加える。30〜40分ほど煮て味をなじませ、シノワで漉す。
4. 3の液体を沸騰させ、豚血を加える。濃度が足りなければ水溶きコーンスターチを加える。
5. 残りの材料を加えて味を調えたら、目の細かいシノワで漉し、なめらかなソースに仕上げる。

フォアグラのテリーヌ
1. フォアグラはなるべく形を崩さないように血管を取り除き、塩、こしょうを全体にふる。
2. 真空にかけ、62℃のスチームコンベクションで45分加熱する。
3. 袋から出して重石をし、余分な脂を取りながらさます。

ムース・ヴォライユ
1. 鶏肉を粗く刻んでロボクープに入れ、卵白、塩、生クリームを順に加えて回し、裏漉す。

ピジョン・ファルス
1. 鳩はおろして胸肉のすじ、皮を取る。赤ワインで1時間マリネする。水気を拭き取る。
2. フォアグラのテリーヌとシャンピニョンは7〜8mmのさいの目切りにする。シャンピニョンはオリーブ油を敷いた鍋で炒める。
3. 鳩胸肉は7〜8mmのさいの目切りにして軽く練り、シャンピニョン、ムース・ヴォライユを合わせて塩、こしょうを加える。フォアグラのテリーヌを合わせたらラップで包んでしずく形に整え、冷蔵庫で半日〜1日休ませる。
4. 真空にかけ、56℃のスチームコンベクションで1時間半加熱する。

ソース・ピジョン
1. ジュ・ド・ピジョンは上澄みの脂をはがし取っておき、はがした脂は残しておく。手羽先は1cm角に切る。
2. オリーブ油を敷いた鍋で手羽先をしっかり炒めて色づける。
3. 油を切り、赤ワインを加えて鍋肌についたうま味を煮溶かす。
4. ジュ・ド・ピジョンを加えてわかし、アクをていねいに取り除く。弱火にしてタイムとにんにくを加え、40〜50分ほど煮て手羽先が柔らかくなって味が出たらシノワで漉す。
5. 1ではがした脂を適宜加えてバターモンテの要領で鍋を揺すりながら溶かしこむ。塩、こしょうで味を調える。濃度が足りなければ水溶きコーンスターチを加える。

スパイラルビーツ
1. バターとバニラを合わせて真空にかけ、85℃のコンベクションオーブンで2時間加熱して風味を移す。
2. ビーツとキオッジャはそれぞれ皮をむいてかつらむきにし、塩、こしょうをふる。筒状に巻き、1.5cm幅に切り分ける。
3. 直径3.5cmのシリコン型に入れ、1をかけて120℃のコンベクションオーブンで15分加熱する。

仕上げ
1. ピジョン・ファルスを54℃のコンベクションオーブンで温め、網の上にのせ、グラサージュ・ピジョンをむらなくかける。グラサージュが固まる前に、三角コルネに入れた根セロリピュレを上から絞って縞模様にする。
2. パータ・ブリックを花型で抜き、両面にオリーブ油を塗って焼く。さめたら真ん中に根セロリピュレを絞って花芯を作る。
3. 皿に1をのせ、スパイラルビーツをのせる。2、エディブルフラワー、マイクロオゼイユ飾る。
4. ビーツピュレをディスペンサーで3か所に絞り、ソース・ピジョンを流して仕上げる。

❀ アルゴリズム

最初は
季節を
お手に取って一口で

カラー写真は074ページ

材料
ベニエ生地
┌ 強力粉 ‥‥‥‥‥‥‥‥‥‥‥ 適宜
│ 塩 ‥‥‥‥‥‥‥‥‥‥‥‥‥ 適宜
│ 水 ‥‥‥‥‥‥‥‥‥‥‥‥‥ 適宜
└ クミンシード ‥‥‥‥‥‥‥‥ 適宜
枝つきタラの芽 ‥‥‥‥‥‥‥‥ 適宜
サラダ油 ‥‥‥‥‥‥‥‥‥‥‥ 適宜

作り方
1 強力粉、塩、水を混ぜ合わせ、持ち上げるとサラサラとたれる程度のゆるい生地を作る。クミンをムーランで挽いて加え、香りづける。
2 枝つきのタラの芽にベニエ生地をくぐらせ、170℃のサラダ油で芽の部分だけ2分ほど揚げる。
3 枝を手に持ち、手渡しで供する。

雲丹
サバイヨン
Earl Gray

カラー写真は076ページ

材料（約5人前）
ウニのサバイヨン
┌ ウニ ‥‥‥‥‥‥‥‥‥‥‥ 100g
│ フォン・ド・プーレ ‥‥‥‥‥ 30g
│ 板ゼラチン（水で戻す）‥‥‥‥ 1枚
│ 35％生クリーム ‥‥‥‥‥‥ 100g
└ 塩 ‥‥‥‥‥‥‥‥‥‥‥‥‥ 適宜
アールグレイのサブレ
┌ 無塩バター ‥‥‥‥‥‥‥‥ 100g
│ 薄力粉 ‥‥‥‥‥‥‥‥‥‥‥ 50g
│ アーモンドパウダー ‥‥‥‥‥ 50g
│ 全卵 ‥‥‥‥‥‥‥‥‥‥‥‥ 50g
└ アールグレイの葉 ‥‥‥‥ 小さじ2
ウニ ‥‥‥‥‥‥‥‥‥‥‥‥‥ 適宜

作り方
ウニのサバイヨン
1 ウニとフォン・ド・プーレを混ぜ合わせ、泡立てながら弱火にかける。
2 泡立て続けるともったりとしてくるので、ゼラチンを加えて溶かす。
3 氷水に当てながらさらに泡立ててよく冷やし、8分立てにした35％生クリームをさっくりと合わせ、塩で味を調える。冷蔵庫で冷やし固める。

アールグレイのサブレ
1 1cm角に切ったバター、薄力粉、アーモンドパウダーをフードプロセッサーですり合わせる。
2 全卵、ミルサーで粉にしたアールグレイの葉を加えて混ぜ合わせ、ひとまとめにする。
3 1cm角に切り分け、170℃のコンベクションオーブンで10分焼く。

仕上げ
1 器の底にウニを4片ほど入れ、ウニのサバイヨンを大さじ1ほど入れて覆い隠す。
2 アールグレイのサブレを上面にちらす。

滋味深い
Wコンソメ
安堵感＋旨味

カラー写真は086ページ

材料（16人前）
ホタテのひも ‥‥‥‥‥‥‥‥ 500g
玉ねぎ、セロリ、エシャロット（薄切り）
‥‥‥‥‥‥‥‥‥‥ 合わせて50g
にんにく ‥‥‥‥‥‥‥‥‥‥‥ 1片
しょうが ‥‥‥‥‥‥‥‥‥‥‥ 1片
水 ‥‥‥‥‥‥‥‥‥‥‥‥‥ 適宜
フキ ‥‥‥‥‥‥‥‥‥‥‥‥ 適宜
黒文字 ‥‥‥‥‥‥‥‥‥‥‥ 適宜

作り方
1 ホタテのひも、玉ねぎ、セロリ、エシャロット、にんにく、しょうがを鍋に入れ、ひたひたの水を注いで弱火にかける。
2 アクを取りながら約5時間煮出し、シノワで漉す。
3 提供前に沸騰させ、火を止めて1cm長さに切ったフキと黒文字を加えて蓋をし、3分香りを抽出する。
4 シノワで漉し、温めておいたハードリカー用のグラスに注いで蓋をし、70℃で供する。

＊深谷さんのレシピはその場で味を見ながら作るため、
　分量を記載していないものがあります。各自調整してください。

死後硬直
伝助穴子
菌

カラー写真は078ページ

材料

活伝助穴子 ························ 適宜

フリット
- 強力粉 ······················ 適宜
- 塩 ·························· 適宜
- 水 ·························· 適宜
- サラダ油 ···················· 適宜

シャンピニョンソース
- エシャロット ················ 適宜
- シャンピニョン ·············· 適宜
- 無塩バター ·················· 適宜
- 塩 ·························· 適宜
- 35％生クリーム ·············· 適宜
- 黒こしょう ·················· 適宜

マイクロ野菜
（春菊、赤からし菜、クレソン、ナスタチウム、フェンネル） ····· 各適宜

作り方

伝助穴子の炭火焼き

1　穴子は頭部を2/3程度まで切って脊髄を切り、脳死状態にする。

2　神経締め用のワイヤーを脊髄の穴に通し、塩水を張ったボウルにつけて血抜きする。

3　水分をよく拭き取って冷蔵庫で半日ほどおき、死後硬直が起こっている間に調理する。

4　皮のぬめりを落とし、背開きにして骨切りする。7～8cm長さに切り分ける。炭火の上にセラミック加工された網をのせ、皮面から香ばしく焼く。半分はフリット用に残しておく。

伝助穴子のフリット

1　強力粉、塩、水を混ぜ合わせ、持ち上げるとサラサラとたれる程度のゆるいベニエ生地を作る。

2　切り分けた穴子にベニエ生地をくぐらせ、180℃のサラダ油で穴子を2～3分ほど揚げる。

シャンピニョンソース

1　エシャロットとシャンピニョンを薄切りにし、バターを入れた鍋に入れ、塩をふって水分がなくなるまでよく炒める。

2　生クリームを入れて沸騰したら、塩、黒こしょうで味を調える。ミキサーでピュレにする。

盛りつけ

1　皿に穴子の炭火焼きとフリットを盛りつけ、シャンピニョンソースを流す。マイクロ野菜を盛りつける。

放たれる旨味
zubrowka
熟成

カラー写真は082ページ

材料

甘鯛の松笠焼き
- 甘鯛 ························ 適宜
- 塩 ·························· 適宜
- サラダ油 ···················· 適宜

桜葉風味のズブロッカ
- 塩漬け桜葉 ·················· 適宜
- ズブロッカ ·················· 適宜

ズブロッカソース
- 塩漬け桜葉 ·················· 適宜
- ズブロッカ ·················· 適宜
- 白ワインヴィネガー ··········· 適宜
- フェンネル ·················· 適宜
- クミンパウダー、カルダモン、白こしょう、メース ······ 各適宜
- 無塩バター ·················· 適宜
- 塩 ·························· 適宜

スナップエンドウ、塩 ········ 各適宜
エクストラバージン・オリーブ油 ····· 適宜

作り方

甘鯛の松笠焼き

1　甘鯛は内臓とエラを取り除き、紙とラップで包む。毎日紙を変え、弾力や味を見ながら1週間～10日ほど熟成させる。

2　3枚におろし、塩をふり、サラダ油を敷いたフライパンの上で皮面から焼く。

3　ひっくり返し、200℃のオーブンで2～3分焼く。

桜葉風味のズブロッカ

1　桜葉は水につけて塩抜きし、水気を絞る。

2　ズブロッカと一緒にスプレーボトルに入れて、30分以上おき、風味を移す。

ズブロッカソース

1　桜葉は水につけて塩抜きし、水気を絞る。

2　ズブロッカと白ワインヴィネガーを1:1の割合で合わせ、桜葉、フェンネル、クミンパウダー、カルダモン、白こしょう、メースを加えて1/10まで煮詰める。シノワで漉す。

3　小さく切ったバターを加えて溶かし混ぜ、塩で味を調える。

仕上げ

1　スナップエンドウはすじを取って塩ゆでし、塩とエクストラバージン・オリーブ油で味を調える。1cm幅に斜め切りにする。

2　皿にズブロッカソースを流し、甘鯛をのせる。スナップエンドウをちらす。

3　桜葉風味のズブロッカを魚にスプレーして供する。

二足歩行
ドライトマト
versatility

カラー写真は084ページ

材料

鳩もも肉のコンフィ
- 小鳩もも肉 ……………………… 適宜
- 塩 ……………………………………… 適宜
- にんにく ………………………………… 適宜
- タイム …………………………………… 適宜
- ローズマリー ……………………… 適宜
- サラダ油 ………………………………… 適宜

鳩のラヴィオリスープ
- 鳩ガラ …………………………………… 適宜
- 水 ……………………………………… 適宜
- 塩 ……………………………………… 適宜
- 鳩ハツ、レバー、砂肝 ……… 適宜
- にんにく ………………………………… 適宜
- 玉ねぎ …………………………………… 適宜
- 黒こしょう …………………………… 適宜
- 自家製ラヴィオリ生地 ……… 適宜
- サラダ油 ………………………………… 適宜

ドライトマトのソース
- サラダ油 ………………………………… 適宜
- ドライトマト ……………………… 適宜
- 鳩ガラ …………………………………… 適宜
- エシャロット ……………………… 適宜
- セロリ …………………………………… 適宜
- にんにく ………………………………… 適宜
- トマトペースト ……………………… 適宜
- 白ワインヴィネガー ……………… 適宜
- 白ワイン、赤ワイン ……… 各適宜
- コニャック、赤ポルト酒、
    マデラ酒 …………………… 各適宜
- 黒こしょう …………………………… 適宜
- 水 ……………………………………… 適宜
- 無塩バター …………………………… 適宜
- エクストラバージン・オリーブ油
                                     … 適宜

鳩胸肉のロースト
- 鳩胸肉 …………………………………… 適宜
- サラダ油 ………………………………… 適宜
- 塩 ……………………………………… 適宜

アスパラガスのソテー
- アスパラガス ……………………… 適宜
- サラダ油 ………………………………… 適宜
- 塩 ……………………………………… 適宜

作り方

鳩もも肉のコンフィ
1. 鳩は羽毛を取り除き、頭と内臓をつけたまま熟成用冷蔵庫で2週間熟成させる。弾力、皮目の乾き具合を確認しながら、やや香りが変わってきた頃合いで使用する。
2. 部位ごとに切り分ける。もも肉は塩、皮をむいたにんにく、タイム、ローズマリー、サラダ油と一緒に真空にかける。
3. 80〜90℃の湯に1時間入れてコンフィにする。
4. 取り出して油を拭き取り、炭火にセラミック加工された網をのせ、全体に焼き色をつける。

鳩のラヴィオリスープ
1. 鳩ガラは3羽分を使用し、200℃のオーブンで全体にこんがりと焼き色をつける。
2. ひたひたの水と一緒に弱火にかけ、アクを取りながら味が出るまで煮出す。塩で味を調える。
3. ハツ、レバー、砂肝をみじん切りにし、みじん切りにした玉ねぎ、にんにく少々、塩、こしょうと一緒に混ぜ合わせる。
4. ラヴィオリ生地を2mm厚さに伸ばして3のファルスを包む。
5. 塩とサラダ油を入れた湯で2〜3分ゆでる。

ドライトマトのソース
1. サラダ油を敷いた鍋に、ドライトマト、鳩ガラ、エシャロットとセロリの薄切り、つぶしたにんにくを入れて中火で炒める。
2. 鳩ガラが色づいたところでトマトペーストを加え、さらに炒める。
3. 白ワインヴィネガー、白ワイン、赤ワイン、コニャック、ポルト酒、マデラ酒を加えて、水分がなくなるぎりぎりまで煮詰める。
4. ひたひたの水を注ぎ、黒こしょうを加える。水分が減ったら足しながら、弱火で煮込み、味が十分出たら、1/10量まで煮詰める。
5. シノワで濾し、小さく切ったバターとオリーブ油を加えて揺すりながら溶かしこむ。

鳩胸肉のロースト
1. 鳩胸肉は骨つきの状態（コッフル）にし、サラダ油を敷いたフライパンで表面に焦げ目がつくまで焼く。
2. 200℃オーブンに2〜3分入れ、取り出しては同じ時間休ませる作業を繰り返し、弾力を見ながら中心温度が53〜55℃になるまで焼く。最後に一気に温めるので、やや浅めの火入れにとどめておく。
3. 骨からはずし、胸肉とフィレ肉とに分け、提供前に200℃のオーブンで温め直し、塩をふる。

仕上げ
1. アスパラガスは皮と袴を取り、サラダ油を敷いたフライパンで香ばしく焼いて、塩をふる。
2. 皿にドライトマトのソースを敷き、アスパラガスを丸ごとのせる。
3. 鳩もも肉のコンフィ、鳩胸肉のローストを盛りつける。
4. 別の器に鳩のラヴィオリを入れ、スープを注ぐ。

＊深谷さんのレシピはすべてその場で味を見ながら作るため、分量を記載していないものがあります。各自調整してください。

苺
蕗の薹
marcaron

カラー写真は090ページ

材料（約16人前）
メレンゲ
- 卵白 ………………………… 100g
- グラニュー糖 ………………… 25g

ジェノワーズ・アールグレイ
- 全卵 ……………………………… 2個
- グラニュー糖 ………………… 10g
- アールグレイ茶葉 …………… 適宜
- 薄力粉 ………………………… 80g
- 無塩バター …………………… 50g

ふきのとうクリーム
- ふきのとう …………………… 適宜
- グラニュー糖 ………………… 適宜
- 35％生クリーム ……………… 適宜

フランボワーズソルベ
- フランボワーズピュレ ……… 適宜
- いちご ………………………… 適宜
- ビーツパウダー ……………… 適宜

作り方
メレンゲ
1 卵白を泡立てながら数回に分けてグラニュー糖を加え、しっかり固いメレンゲを作る。
2 8mmの丸口金をつけた絞り袋に入れて絞り、100℃のコンベクションオーブンで1時間焼く。

ジェノワーズ・アールグレイ
1 全卵とグラニュー糖をよくすり混ぜる。
2 茶葉をミルサーで粉にし、薄力粉と一緒に1にふるい入れて合わせ、溶かしバターを加えて混ぜ合わせる。
3 1cm厚さに伸ばし、170℃のオーブンで10〜15分焼く。さめたら1cm角に切り分ける。

ふきのとうクリーム
1 ふきのとうに対し、5％量のグラニュー糖を鍋に一緒に入れ、弱火でジャム状になるまで煮詰める。
2 ミキサーでピュレにし、冷やし固める。
3 生クリームを8分立てにし、2を加えて混ぜ合わせる。

フランボワーズソルベ
1 フランボワーズピュレをパコジェットの容器に入れて冷凍し、パコジェットを回してなめらかにする。

仕上げ
1 ジェノワーズ・アールグレイを皿の中心に1個のせ、4等分したいちごをまわりに並べる。そのまわりにジェノワーズ・アールグレイをのせる。
2 中央にフランボワーズソルベをのせ、上からふきのとうクリームをかける。
3 クリームにメレンゲを張りつけ、ビーツパウダーを茶漉しでふって仕上げる。

ババ
パイナップル
温度感

カラー写真は088ページ

材料（16人前）
シフォンケーキ
- 卵黄 ……………………………… 3個
- グラニュー糖 ………………… 10g
- 卵白（メレンゲ用） ………… 4個分
- グラニュー糖（メレンゲ用） … 10g
- サラダ油 ……………………… 30g
- 牛乳 …………………………… 50g
- 薄力粉 ………………………… 80g

シロップ
- てん菜糖 ……………………… 50g
- 水 ……………………………… 100g
- ダークラム酒 ………………… 適宜

パイナップルソルベ
- パイナップルピュレ ………… 適宜

パイナップルチュイル
- パイナップル ………………… 適宜
- パイナップル ………………… 適宜

作り方
シフォンケーキ
1 卵黄、グラニュー糖をよくすり混ぜる。
2 卵白を泡立てながらグラニュー糖を数回に分けて加え、しっかり固いメレンゲを作る。
3 1にサラダ油と牛乳を加えて混ぜ合わせ、薄力粉を加えて混ぜ合わせる。
4 メレンゲを加え、泡をつぶさないようにさっくり合わせる。
5 直径24cmのシフォン型に入れ、170℃のオーブンで30分焼く。

シロップ
1 てん菜糖と水を1:2の割合で鍋に入れて沸騰させてシロップを作る。
2 さめたらラム酒を加える。

パイナップルソルベ
1 パイナップルピュレをパコジェットの容器に入れて冷凍し、パコジェットを回してなめらかにする。

パイナップルチュイル
1 パイナップルを皮をむいてスライサーで薄切りにし、100℃のコンベクションオーブンで1時間乾燥させる。

仕上げ
1 シロップを60℃に温め、シフォンケーキを浸す。
2 しっかりシロップを吸ったら皿にのせ、幅2cm、厚さ1cmの角切りにしたパイナップルを4個のせる。
3 チュイルを1枚のせ、クネル形にしたソルベを上に盛る。

オルグイユ

タルトフランベ

カラー写真は094ページ

材料（約20人前）
生地
- そば粉 ……………………… 70g
- 強力粉 ……………………… 30g
- 塩 …………………………… 1.8g
- ドライイースト …………… 0.9g
- 水 …………………………… 57g
- ピュア・オリーブ油 ……… 4.5g

具材
- 玉ねぎ …………………… 1kg
- 塩 …………………………… 適宜
- ピュア・オリーブ油 ……… 適宜
- ペルノー酒 ………………… 適宜
- アンチョビ ………………… 適宜
- にんにく …………………… 適宜
- イカスミ …………………… 適宜
- 水 …………………………… 適宜
- ブラックオリーブ ………… 適宜
- アオリイカ ……………… ½杯
- 米粉 ………………………… 適宜
- サラダ油 …………………… 適宜
- ボリジの葉 ………………… 適宜

作り方
生地
1 そば粉、強力粉、塩、イーストをすべて合わせ、水の8割を注いで混ぜ合わせる。
2 残りの水を少しずつ加え、耳たぶより柔らかい程度の固さにする。練りすぎてグルテンが出ないように注意。
3 オリーブ油を加えて混ぜ合わせる。
4 ひとまとめにし、30℃程度のところで2時間発酵させる。
5 8gずつに分けて丸め、直径5cmに伸ばす。
6 提供前に波天板にのせ、300℃のオーブンで2分半焼く。
7 サラマンダーの近火で焼き色をつける。

具材
1 玉ねぎは薄切りにして塩をふり、オリーブ油を入れた鍋で炒める。
2 少し焦げはじめたところでペルノー酒を少々ふって、鍋底のうま味を煮溶かす。
3 水分がなくなったらさらにペルノー酒をふって煮詰める。この作業を、玉ねぎがキャラメル色になるまで繰り返す。
4 アンチョビとにんにくはみじん切りにし、別の鍋に入れてオリーブ油で香りが出るまで炒める。
5 イカスミを加え、生臭さがなくなるまでよく炒める。
6 薄切りにしたオリーブ、水少々を加えてさっと炒め、オリーブにイカスミをよくからめる。
7 アオリイカは胴とゲソとに分け、胴は格子状に細かな切り込みを入れる。オリーブ油でほんの少しだけ炒める。
8 ゲソは1cm長さに切り分け、米粉をまぶし、200℃のサラダ油で揚げる。

仕上げ
1 皿にタルトフランベの生地をのせ、玉ねぎのキャラメリゼを薄く塗る。
2 アオリイカのソテーとフリットをのせ、オリーブを飾り、ボリジの葉をちらす。

ホワイトアスパラガス　ホタテ　雲丹

カラー写真は098ページ

材料（約10人前）
ホタテひも出汁
- ホタテのひも …………… 10個分
- 水 …………………………… 適宜

ホワイトアスパラガスのポシェ
- ホワイトアスパラガス ……… 10本
- ホタテひも出汁 …………… 5g
- 塩 …………………………… 適宜
- ピュア・オリーブ油 ……… 1g

ホタテのポシェ
- ホタテ貝柱 ……………… 10個
- 日本酒 …………… ホタテの2%量

アスパラガスとウニのソース
- アスパラガスの軸と皮 …… 50g
- 無塩バター、日本酒 ……… 各適宜
- 水 …………………………… 100g
- 牛乳 ………………………… 10g
- 塩水ウニ …………………… 20g
- つるりんこ（増粘剤・クリニコ製）… 適宜
- 塩水ウニ …………………… 適宜
- 塩 …………………………… 適宜
- マイクロ紫蘇 ……………… 適宜
- ピュア・オリーブ油 ……… 適宜

作り方
ホタテひも出汁
1 ホタテのひもを軽くゆすぎ、ひたひたの水と一緒に中火にかける。
2 わきはじめたらアクをていねいにすくい、10分ほどして風味が抽出できたら、シノワで漉す。

ホワイトアスパラガスのポシェ
1 ホワイトアスパラガスは皮とはかまを取る。皮とはかまはソースに使うので取っておく。
2 残りの材料と一緒に真空にかけ、沸騰した湯の中に1〜2分入れてゆでる。
3 袋から液体ごとフライパンにあけ、液体をからめながら焼き色がつくまで焼く。

ホタテのポシェ
1 ホタテ貝柱を日本酒と一緒に真空にかけ、38℃の湯煎で5〜10分ほど入れて表面を固める。

アスパラガスとウニのソース
1 アスパラガスの軸と皮を鍋に入れ、バターを加えて蒸し煮にする。
2 香りが出てきたら日本酒を少量加えて鍋についたうま味を煮溶かし、水、牛乳を加えて柔らかくなるまで煮る。
3 ウニを加えてさっとひと煮立ちさせたら、ミキサーでなめらかなピュレ状にする。
4 つるりんこを少量加えて濃度を調節する。

仕上げ
1 皿にソースを敷いてアスパラガスを丸ごとのせる。
2 ホタテ貝柱を2〜3mm厚さにスライスして軽く塩をし、アスパラガスの上に並べる。
3 塩水うにを等間隔に並べ、マイクロ紫蘇を飾り、オリーブ油を少量かける。
4 アスパラガスの上下にソースを流して仕上げる。

ヒラマサ　カブ　ライスペーパー　タロッコオレンジ

カラー写真は096ページ

材料（約10人前）

タロッコオレンジ果汁	適宜
ライスペーパー	20g
ヒラマサ	300g
小カブ	30g
塩	0.5g
つるりんこ（増粘剤・クリニコ製）	0.5g
マグロのブレザオラ	20g
タロッコオレンジ果肉	適宜
マイクロアマランサス	適宜

作り方

1　タロッコオレンジから果汁を搾り、そのうち30gをライスペーパーの両面に刷毛で塗って1時間かけて戻す。1時間以上おくとライスペーパーが固くなり、果汁の香りも悪くなるので注意。

2　ヒラマサはごく薄く切って軽く塩をふり、両面にオレンジ果汁を刷毛で薄く塗る。

3　小カブは皮をむいてスライサーでスライスする。オレンジ果汁10gに対して塩0.5gを加えて混ぜ合わせ、小カブをしんなりするまで浸ける。

4　オレンジ果汁10gにつるりんこを加えてとろみをつけ、ソースにする。

5　皿にライスペーパー、ヒラマサ、小カブを盛りつけ、粒ごとに分けたタロッコオレンジの果肉、1cm程度に切り分けたブレザオラのスライスをちらす。

6　ソースを上からかけ、マイクロアマランサスを飾る。

筍　春野菜　イノシシ

カラー写真は100ページ

材料（約1人前）

筍のボイル

筍（白子筍）	1本
塩	筍の1%量
ピュア・オリーブ油	筍の2%量

筍スープ

筍の皮	適宜
水	適宜
塩	適宜
つるりんこ（増粘剤・クリニコ製）	適宜

春野菜のタルタル

グリーンピース	5g
塩	適宜
モリーユ茸（生）	10g
菜の花	5g
サラダ油	適宜
筍のボイルの穂先、軸	合わせて10g
ピュア・オリーブ油	適宜
白バルサミコ酢	適宜

仕上げ

ピュア・オリーブ油	適宜
猪のラルド	適宜
四川山椒の葉	適宜

作り方

筍のボイル

1　筍は皮をむき、塩、オリーブ油と一緒に真空にかける。

2　沸騰した湯に入れて鍋に蓋をし、上から重石をのせて圧力をかける。弱火で3～5時間かけて筍が柔らかくなるまでゆでる。

筍スープ

1　筍の皮を200℃のオーブンで茶色く色づいてカリカリになるまで焼く。

2　鍋に入れてひたひたの水を注ぎ、中火にかける。10分ほどして香りが移ったらシノワで漉し、塩で味を調える。つるりんこを少量加えてとろみをつける。

春野菜のタルタル

1　グリーンピースは塩ゆでして薄皮を取る。

2　モリーユ茸は網焼きし、菜の花はサラダ油を敷いたフライパンでさっと炒める。

3　筍の穂先と軸、モリーユ茸、菜の花を3～5mm角に切ってボウルに入れ、グリーンピースを加え、オリーブ油、白バルサミコ酢、塩で味を調える。

仕上げ

1　ボイルした筍をひと口大に切り分け、オリーブ油を敷いたフライパンで焼いて表面を色づける。

2　皿に筍スープを流し、直径6cmのセルクルを真ん中にのせる。

3　春野菜のタルタルをセルクルの中に詰め、筍を盛ってセルクルをはずす。

4　スライスにした猪のラルド、四川山椒の葉をちらす。

◇◆ 猪のラルド ◆◇

材料

猪脂	約300g
アルマニャック	適宜
塩	猪脂の4%量
ミックススパイス（コリアンダーシード、クミンシード、フェンネルシード、カルダモン）	適宜
オレガノ	適宜

＊ミックススパイスの材料はミルサーで粉にしておく。

作り方

❶　猪脂はアルマニャックで表面を洗い、塩をふる。

❷　ミックススパイスをまぶし、オレガノをふりかけて真空にかける。冷蔵庫で2か月マリネする。

❸　袋から取り出して表面を拭き、1週間陰干しする。

フォアグラ　マーガオ　アーティチョーク

カラー写真は102ページ

材料（約4人前）

アーティチョークのブレゼ
- アーティチョーク ……………… 2個
- 塩 …………………………… 適宜
- ピュア・オリーブ油 ………… 適宜
- グリーンオリーブ ……………… 3粒
- マーガオ ……………………… 3粒
- ウィスキー ……………………… 20g
- フォン・ブラン ………………… 30g

フォアグラのソテー
- 鴨フォアグラ ………………… 200g
- 米粉 ……………………………… 適宜
- 豆苗 ……………………………… 適宜

作り方

アーティチョークのブレゼ

1 アーティチョークはガクをはずして4つ切りにし、塩をふる。

2 オリーブ油を敷いた鍋でさっと炒めて変色を防ぎ、みじん切りにしたオリーブ、マーガオを加える。

3 香りが出てきたらウィスキーを加えて鍋肌についたうま味を煮溶かす。

4 アルコールが飛んだらフォン・ブランを加え、弱火で蓋をし、5〜8分蒸し煮にする。

フォアグラのソテー

1 フォアグラは太い血管を取り除いて50gずつに切り分け、常温に戻す。

2 米粉を全体につけ、フライパンで両面に焼き色をつける。

3 300℃のオーブンに入れ、1〜1分半温める。

仕上げ

1 アーティチョークはフライパンでさっと焼き温める。

2 アーティチョークの煮汁はフォン・ブランや塩で味を調え、ソースにする。

3 豆苗は油を使わず、熱したフライパンでさっと炒めて香りを出す。炒めすぎて食感を損なわないこと。

4 皿にソースを流し、フォアグラを半分に切ってのせる。

5 アーティチョークをのせ、豆苗を上面にのせて仕上げる。

フロランタン

カラー写真は108ページ

材料（約20人前）

紅茶アイスクリーム
- 牛乳 …………………………… 500g
- アールグレイ茶葉 ……………… 10g
- グラニュー糖 …………………… 70g
- 卵黄 …………………………… 120g
- 35％生クリーム ………………… 90g
- アルマニャック ………………… 10g

パート・シュクレ
- 無塩バター …………………… 120g
- 太白ごま油 ……………………… 75g
- 粉糖 …………………………… 130g
- アーモンドプードル ………… 43.5g
- 全卵 …………………………… 64.5g
- 薄力粉 ………………………… 324g

生キャラメルソース
- グラニュー糖 …………………… 75g
- 水 ………………………………… 30g
- 35％生クリーム ………………… 90g
- 無塩バター ……………………… 25g

仕上げ
- アールグレイ紅茶 …………… 適宜
- つるりんこ（増粘剤・クリニコ製）… 適宜
- アーモンドスライス、ヘーゼルナッツ、カシューナッツ …………… 各適宜
- グリーンレーズン（ラタフィアで戻したもの） …………………………… 適宜

＊ナッツは180℃のオーブンでローストしておく。

作り方

紅茶アイスクリーム

1 牛乳を80℃まで温めて茶葉を入れ、蓋をして5分ほど蒸らし、風味を抽出する。シノワで漉して鍋に戻す。

2 グラニュー糖と卵黄はよくすり混ぜておく。

3 牛乳を**2**に少量加えて混ぜ合わせ、**1**の鍋に戻し、強火で炊き、アングレーズソースを作る。

4 粗熱が取れたら生クリームとアルマニャックを加えて混ぜ、パコジェットの容器に入れて冷凍する。

パート・シュクレ

1 バター、太白ごま油、粉糖をすり混ぜる。

2 アーモンドプードル、全卵、薄力粉を順に加え、そのつどよく混ぜ合わせる。

3 2mm厚さに伸ばし、直径6cmのセルクルで抜く。

4 オーブンシートを敷いた天板にのせ、175℃のコンベクションオーブンで5分焼き、天板の上下を入れかえて3分焼く。

生キャラメルソース

1 グラニュー糖と水を濃いきつね色

のキャラメルになるまで煮詰める。生クリームは人肌に温めておく。

2 バターを加えて溶かし、生クリームを加えて色止めする。

仕上げ

1 アールグレイの紅茶を淹れ、つるりんこで濃度をつけて紅茶ソースを作る。

2 紅茶アイスクリームの容器にパート・シュクレ100gを加え、パコジェットで粉砕する。この作業は提供直前に行うことで、パート・シュクレの食感を保てる。

3 冷やしたボウルに刻んだナッツとレーズン、紅茶アイスクリームを入れて混ぜ合わせる。

4 パート・シュクレを200℃のオーブンに2分半入れて温め、このうち半量に生キャラメルソースを塗り、ナッツをちらす。

5 生キャラメルソースを塗っていないほうのパート・シュクレに紅茶アイスクリームをのせ、上から**4**をのせてサンドする。

6 皿に紅茶ソースを流して**5**をのせ、生キャラメルソースを皿にかけて仕上げる。

金目鯛の鱗焼き

カラー写真は104ページ

材料（約5人前）

フュメ・ド・ポワソン
白身魚のアラ ……………………… 200g
水 ……………………………………… 適宜

シャンパーニュソース
シャンパーニュ …………………… 30g
フュメ・ド・ポワソン ……… 100g
ピュア・オリーブ油 …………… 適宜
塩 ……………………………………… 適宜
つるりんこ（増粘剤・クリニコ製）… 適宜
カラマンシーヴィネガー ……… 適宜

金目鯛の鱗焼き
金目鯛 ……………………………… 300g
塩 ……………………………………… 適宜
水 ……………………………………… 適宜
ピュア・オリーブ油 …………… 適宜
春キャベツ ……………………… 適宜

作り方

フュメ・ド・ポワソン
1 白身魚のアラは、内臓やエラを取り、さっとゆでこぼす。
2 鍋に入れてひたひたの水を注ぎ、中火にかける。沸騰したら弱火にし、アクをていねいに引きながら20分煮出す。

シャンパーニュソース
1 シャンパーニュを鍋に入れて半量まで煮詰める。
2 フュメ・ド・ポワソンを加えてさらに半量まで煮詰め、オリーブ油を加えて撹拌する。
3 塩で味を調え、つるりんこで濃度をつける。カラマンシーヴィネガーで香りをつけて仕上げる。

金目鯛の鱗焼き
1 金目鯛は60gずつに切り分け、全体に塩をふってラップで包み、30分ほどなじませる。
2 水気を拭き取り、皮面にだけ水を塗る。上から皮面にオリーブ油を塗る。
3 皮面を上にしてサラマンダーの中火にかけて鱗を立ち上げる。
4 フライパンに多めのオリーブ油を入れて熱し、皮面だけを揚げ焼く。
5 皮面を下にしてバットに移し、300℃のオーブンに1分入れて温める。

仕上げ
1 春キャベツは1枚ずつはがし、セラミック加工された網であぶって端を軽く焦がす。
2 皿にソースを流し、春キャベツを盛りつけ、金目鯛をのせる。

和牛頬　赤ワイン

カラー写真は106ページ

材料（約8人前）

頬肉の赤ワイン煮
和牛頬肉 ……………… 1枚（約1kg）
ダークラム酒 ……………………… 50g
赤ワイン …………………………… 50g
生こしょう ………………………… 5粒
塩 ……………………………………… 適宜
ピュア・オリーブ油 …………… 適宜
赤ワイン（仕上げ用） ………… 100g
つるりんこ（増粘剤・クリニコ製）…… 適宜

かめのこのロースト
和牛かめのこ肉 ………………… 300g
ピュア・オリーブ油 …………… 適宜
無塩バター ………………………… 6g

にんじんピュレ
にんじん（ひとみ五寸） ……… 300g
塩 ……………………………………… 適宜
ピュア・オリーブ油 …………… 適宜
コニャック ………………………… 30g
牛乳 ………………………………… 50g
水 …………………………………… 200g
豆苗 ………………………………… 適宜

作り方

頬肉の赤ワイン煮
1 頬肉はすじや皮を取り除く。ラム酒と赤ワイン50gは合わせてアルコールを飛ばしておく。
2 1としょうを一緒に真空にかけ、沸騰した湯に入れて蓋をし、重石をのせて圧力をかける。2時間半～3時間ゆでる。
3 完全にさめたら冷蔵庫で冷やし、袋から出して脂を取り除く。煮汁は残しておく。
4 常温に戻して半分に切り分け、塩をふる。オリーブ油を敷いたフライパンで表面がカリカリになるまで焼き固める。
5 赤ワイン100gを1/10まで煮詰め、煮汁を加えて軽く煮詰めて味を調整し、つるりんこで濃度をつける。
6 頬肉を50gずつに切り分け、ソースに入れて味をしみこませる。

かめのこのロースト
1 かめのこ肉はオリーブ油を敷いたフライパンで表面を焼き固める。
2 細かく切ったバターと一緒にアルミホイルに包み、60℃のコンベクションオーブンに入れる。
3 途中でひっくり返しながら2～3時間かけてローストする。

にんじんピュレ
1 にんじんは皮をむいて薄切りにし、塩をふる。オリーブ油を敷いた鍋でさっと炒め、コニャックを加えて香りづける。
2 アルコールが飛んだら、牛乳、水を加え、ミキサーがまわるぎりぎりの水分量まで煮詰める。
3 ミキサーでなめらかなピュレ状にする。

仕上げ
1 かめのこ肉はアルミホイルをはがして表面を拭きとり、300℃のオーブンに3分入れて温める。
2 3mm厚さに切り、頬肉を隠すようにかぶせる。
3 皿に赤ワイン煮のソースを流し、2をのせる。
4 にんじんピュレを添え、豆苗を飾る。

撮　影　　南都礼子
デザイン　　津嶋デザイン事務所（津嶋佐代子）
企画・編集　オフィスSNOW（木村奈緒、畑中三応子）

主な参考文献
『「おいしさ」の錯覚 最新科学でわかった、美味の真実』
チャールズ・スペンス（KADOKAWA、2018）

『美味しさの脳科学 —においが味わいを決めている』
ゴードン・M・シェファード（合同出版、2014）

『カラー版　色彩の教科書—「色」のチカラと不思議』
芳原　信（洋泉社、2011）

『食と日本人の知恵』
小泉武夫（岩波書店、2002）

『水産物の先進的な冷凍流通技術と品質制御
—高品質水産物のグローバル流通を可能に—』
日本水産学会監修、岡崎惠美子、
今野久仁彦、鈴木　徹編
（恒星社厚生閣、2017）

『水産物の鮮度保持』
太田静行（筑波書房、1990）

『おいしさの科学　vol.1　食品のテクスチャー
ニッポンの食はねばりにあり。』
（エヌ・ティー・エス、2011）

五感を刺激し、感動を生み出す
フランス料理の科学的プレゼンテーション

発行日　2019年 9 月 2 日　初版発行
　　　　2020年12月26日　第 2 版発行

編　著　オフィスSNOW
発行者　早嶋　茂
制作者　永瀬正人
発行所　株式会社 旭屋出版
　　　　〒160-0005 東京都新宿区愛住町23-2
　　　　ベルックス新宿ビルⅡ6階
　　　　電話　03-5369-6423（販売）
　　　　　　　03-5369-6424（編集）
　　　　FAX　03-5369-6431（販売）

旭屋出版ホームページ　http://www.asahiya-jp.com

郵便振替　00150-1-19572

印刷・製本　株式会社 シナノ パブリッシング プレス
ISBN978-4-7511-1392-9　C2077

定価はカバーに表示してあります。
落丁本、乱丁本はお取り替えします。
無断で本書の内容を転載したりwebで記載することを禁じます。
Ⓒ OFFICE SNOW & ASAHIYA SHUPPAN 2019, Printed in Japan